実力だめし！ 入試作文

※学校名は、入試実施時のものです。

別冊

ダウンロード付録について

教英出版ウェブサイトの「ご購入者様のページ」で「書籍ID番号」を入力してご利用ください。さらに作文の実践練習ができる「入試作文問題＋（プラス）」などを掲載しています。ダウンロード付録は無料で見ることができます。

書籍ＩＤ番号 164079

2026年9月末まで有効

教英出版ウェブサイトの「ご購入者様のページ」はこちら

(https://kyoei-syuppan.net/user/)

レッスン 1

作文の基本と、書くための準備

はじめまして。
これからみなさんといっしょに作文の練習をするさくら先生です。

中学受験を考えている小学生と、その保護者のみなさん。
中学入試、特に、公立中高一貫校の適性検査で出題される
「作文」で困っていませんか?

作文がキライ
何を書けばいいのかわからない
どう書けば点数がとれるのかわからない
時間内にまとめるのがムリ

など、作文が苦手な人の悩《なや》みはつきません。

しかし!
作文は、**コツさえつかめば**、**だれでもおもしろいほど書ける**ようになります。そのためには、書き慣れることが大事なんです!

レッスン1では、まず、作文を書く土台づくりをしましょう。

○その一、その二では、
減点されないための基本ルールを復習します。
内容の良《よ》し悪《あ》し以前に、書き方の部分で点数を引かれたらもったいないですからね。

○その三では、**書くための材料**の見つけ方について考えます。
何を書けばよいのかわからない人にオススメのコーナーです。
材料がそろえば、書けそうな気がしてくるはずです!

○その四では、けんたくん、かいとくん、みさきさんといっしょに、**実際の入試問題**を使って書く練習をしてみます。
書き方の説明を読むだけでは、作文はうまくなりません。
まずは一題、よく出るテーマで書いてみましょう。

それでは、始めましょう!

はじめに

この『中学入試　作文レッスン』は、

「中学受験に向けて、適性検査などで出題される作文の対策に取り組みたい」

という親子のために作られた本です。


「作文をどうやって勉強したらよいかわからない」という受験生や、お子さんに「どうやって作文を教えればよいかわからない」という保護者の方は多いと思います。


この本では、〝さくら先生〟が作文の基本だけではなく、「何を書けばよいか思いつかない」というときの対処法も教えます。

そして、実際の入試の作文問題をもとに、

「どのように考えれば作文が書けるか」

「入試の作文問題で気をつけなければいけないことは何か」

などをわかりやすく解説します。

この本の問題を解くことで、様々な分野の、いろいろな形の作文に対応できる力を身につけることができます。

この本で作文の勉強をしていくうちに、

「これなら自分にも作文が書ける」

「この方法なら自分でも作文の書き方を教えられる」

と感じることができるようになるでしょう。

登場人物紹介《しょうかい》

さくら先生

中学受験対策の指導をしており、作文の書き方を優しくていねいに教えてくれます。「ほめて伸ばす」ことを大事にしているようです。

けんたくん

サッカーが得意な、元気いっぱいの六年生の男の子。勉強はあまり得意ではないようで、すぐに先生に頼《たよ》ってしまいます。

かいとくん

コツコツと努力することが得意な六年生の男の子。一人でがんばろうとしすぎて、悩《なや》んでしまうこともあるようです。

みさきさん

友達と集まってわいわいおしゃべりするのが大好きな、六年生の女の子。勉強は得意なほうですが、作文には苦手意識があるようです。

もくじ

その一　まちがいのない文を書くために

【「何は」と「何だ・どうする・どんなだ」を対応させる】

さあ、まずはクイズ形式でいきますよ！

◆次の文のまちがっているところを═線で消して、その右側に正しい表現を書きましょう（ただし、──線部分は変えません）。

問① 私の夢は、テニス選手になり、世界で活やくしたいです。

できましたか？　次のように直しましょう。

答① 私の夢は、テニス選手になり、世界で~~活やくしたい~~活やくすることです。

「何は」と「何だ・どうする・どんなだ」が対応していないまちがいは意外に多いのですよ。

「何は」と「何だ・どうする・どんなだ」だけを読んで（文のはじめと終わりのことが多いです）、対応しているかどうか確認しましょう。

一文が長くなるほど、このまちがいは起こりやすくなります。一文はなるべく短くしましょう。

では、次の問題です。

◆次の文のまちがっているところを═線で消して、その右側に正しい表現を書きましょう（ただし、──線部分は変えません）。

問② 私がそう考える理由は、地球が私たちだけのものではなく、未来の世代のものでもあるのです。

できましたか？　次のように直しましょう。

答② 私がそう考える理由は、地球が私たちだけのものではなく、未来の世代のものでもある~~の~~からです。

作文では「理由は」を主語にすることがよくあります。そのときは、忘れずに「～から」でまとめましょう！

では、「今回のポイント」です。

今回のポイント

「何は」と「何だ・どうする・どんなだ」だけを読んで、対応しているかどうか確認する。

【一文を長くしない】

◆次の文を読みやすくするために、どう直したらよいか考えてみましょう。

問③ 友達の行動でうれしかったことを考えてみると、特に心に残っているのは、自分が困っているときに声をかけてくれたことであり、たとえば、忘れ物をしたときなどです。

答③ 友達の行動でうれしかったことを考えて~~みると、~~みました。特に心に残っているのは、自分が困っているときに声をかけてくれたこと~~であり、~~です。たとえば、忘れ物をしたときなどです。

一文を長くすると、まちがいが起こりやすくなります。一文を短くするのは、まちがいのない文を書くために最も大切なことなのです。

今回のポイント

一文を短くする。
原稿《げんこう》用紙ならば（一行二〇マス）、一文は三行以内をめざそう。

【「です・ます」調か「だ・である」調に統一する】

「です・ます」調か「だ・である」調に統一する、というルールには、意外な落とし穴もあるのですよ。

◆次の文のまちがっているところを═線で消して、その右側に正しい表現を書きましょう（ただし、──線部分は変えません）。

問④ 学校で電気の大切さを学んだ。ふだんから節電を心がけているが、ときどきテレビを消し忘れます。

できましたか？　次のように直しましょう。

答④ 学校で電気の大切さを~~学んだ~~学びました。ふだんから節電を心がけて~~いる~~いますが、ときどきテレビを消し忘れます。

文末だけではなく、文の途中《とちゅう》でも気をつけなければいけませんね。

今回のポイント

「です・ます」調か「だ・である」調に統一する。特に文の途中《とちゅう》に注意！

【書き言葉を使う】

◆次の文のまちがっているところを══線で消して、その右側に正しい表現を書きましょう（ただし、──線部分は変えません）。

問⑤ 私的には正しいと思ってたんだけど、やっぱりそうじゃないんだと気付きました。なので、AさんとかBくんとかに謝らなきゃと思い、ちょっと反省しました。

できましたか？　次のように直しましょう。

答⑤ 私~~的に~~としては正しいと思って~~たんだけど、~~いたのですが~~やっぱり~~やはりそう~~じゃ~~ではない~~ん~~のだと気付きました。~~なので~~ですから、Aさん~~とか~~やBくん~~とか~~に謝らな~~きゃ~~ければと思い、~~ちょっと~~少し反省しました。

友達へのメールなどでなにげなく使っている話し言葉を、作文では使わないように注意しましょう。

今回のポイント

作文では、だれが読んでも
書き言葉だと思える表現を使う。

【呼応《こおう》する言葉を忘れずに使う】

◆次の文のまちがっているところを══線で消して、その右側に正しい表現を書きましょう（ただし、──線部分は変えません）。

問⑥ 私は本が好きだ。なぜなら、本を読むと、直接体験できないことを味わうことができる。

できましたか？　次のように直しましょう。

答⑥ 私は本が好きだ。なぜなら、本を読むと、直接体験できないことを味わうことが~~できる~~できるからだ。

「なぜなら」を使ったら後の方で必ず「〜から」を使いましょう。

このように、一定の表現をともなう言葉を使うときは、文の終わりまで気を配りましょう。

今回のポイント

以下のような、一定の表現をともなう言葉に注意。
「なぜなら、〜から」「まるで〜ような」
「全然〜ない」「きっと〜だろう」
「もし、〜なら」「〜たり、〜たり」など

その二　原稿《げんこう》用紙の正しい使い方

入試の作文には、ほとんどの場合、「条件」が付いています。

そして、多くの場合、

「原稿《げんこう》用紙の使い方にしたがって書くこと」とあります。

原稿用紙を正しく使えないと、作文の内容がどんなによくても、減点されてしまいます。

ここでは、正しい原稿用紙の使い方をおさらいしておきましょう。

といっても、注意点はそんなに多くはありません。

入試の作文では、**以下の4つ**が守られていれば、基本的な使い方ができていると言えるでしょう。

原稿用紙の正しい使い方

① **段落のはじめは1マスあける。**

② **句読点（「。」と「、」）は1つで1マス使う。ただし、行のはじめに書いてはいけない。**

③ **小さい「ゃ」「ゅ」「ょ」「っ」や、「『」「』」「?」などは、1つで1マス使う。**

④ **会話文は「　」を使い、最後の句点（。）とかぎかっこ（」）は同じ1マスに書く。**

少し、補足《ほそく》します。

○ 行のはじめが句読点（「。」と「、」）になってしまうときは、直前の文字といっしょに、前の行の最後のマスに書きます。

(例) 思った。

○ 小さい「ゃ」「ゅ」「ょ」「っ」は行のはじめにきても構いません。

(例) ったが、

○ 会話文は基本的に改行して書きます。ただし、引用として使う場合など、内容や文の流れによっては、改行しないほうがよいこともあります。

実際の原稿用紙でルールを確認しましょう。

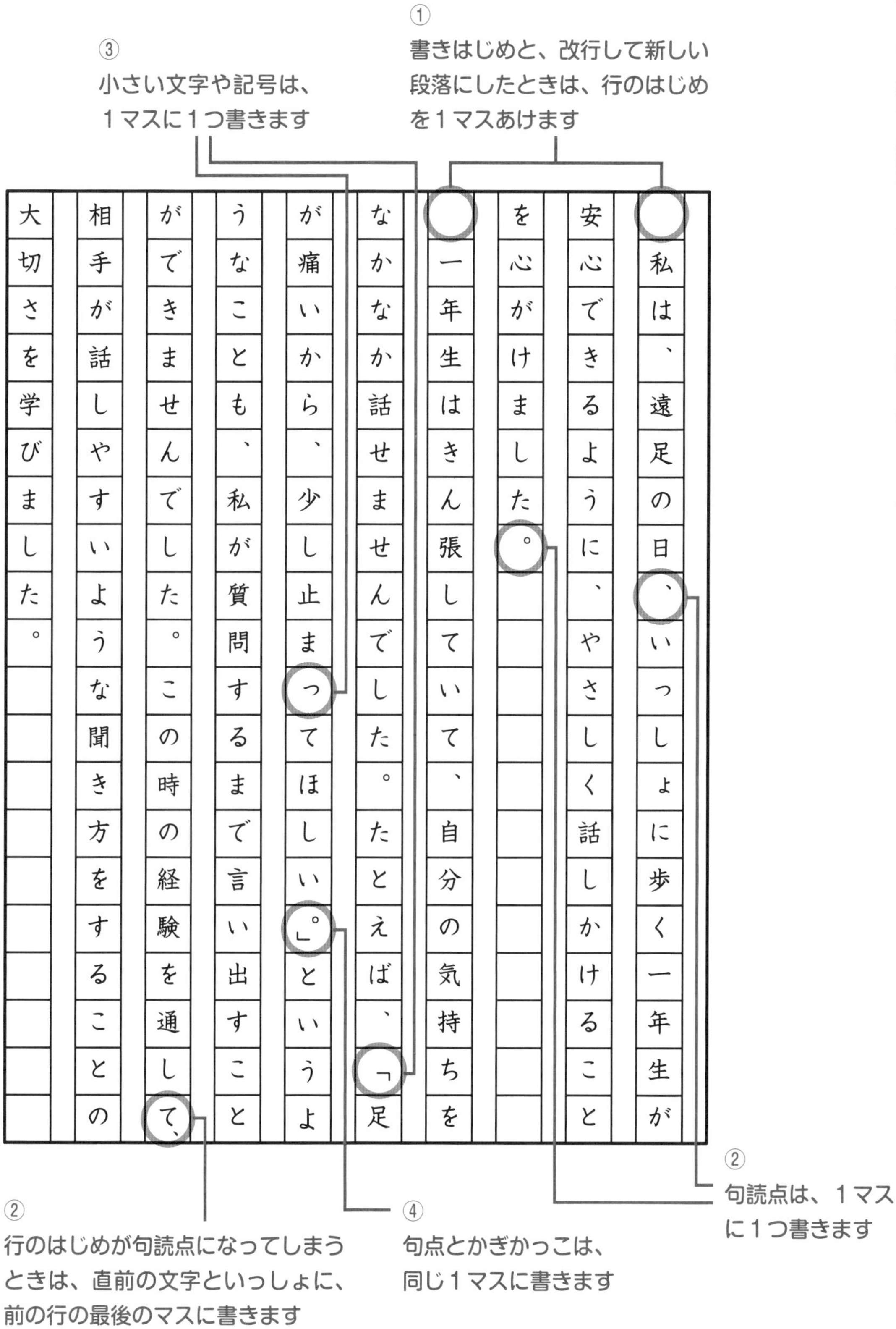

その三　書く内容の見つけ方

たとえば、
「小学校生活でいちばんがんばったことについて書きなさい」
と出題されたとき、「児童会活動をがんばった！」
などとは言えますが、これだけでは作文が進みませんね。

そこで、**その内容について知らない人と会話する**ことを想像してみましょう。

具体的には**どんな**活動をしたの？
なぜその活動をすることになったの？
活動中、**どんな**ことが大変だったの？
活動後、**どんな**気持ちになった？

などと聞かれたら、それに答えていくでしょう。
このように、聞き手の質問によって、答える人の話は豊かに広がっていきます。つまり、**聞き上手**になって、**相手の話をうまく引き出す**ような、**良い質問を投げかける**ことが大事なのです。

作文も同じです。
「**なぜ？**」「**どんな？**」といった質問をくり返すことで、
書く内容が**具体的**になり、**作文の材料**がそろうのです！

保護者のみなさん。
作文のテーマについて、
お子さんに右のような質問を投げかけてみてください。
そのとき、**いかに具体的な答えを導き出せるか**がポイントです。

そして、お子さんが答えた内容をメモしていき、
出来事の順番や話の展開にそって並べかえてみましょう。
バラバラに見えた情報が、**一つの筋道**になっていくのがわかります。
あとは文を整えてつなげれば、立派な作文になるでしょう。

最終的には、お子さん自身が、
自分で自分に質問ができるようになることが目標です。

今回のポイント

作文の材料を見つけるためには、
「なぜ？」「どんな？」などの質問をくり返す。

【作文の材料をさがすための質問例】

ここでは、右のページで紹介《しょうかい》した、作文の材料をさがすための質問の具体的な例を紹介します。
実際に作文の材料をさがすときの参考にしてください。

［問題例］あなたが感じた「**人の温かさ**」について書きなさい。

・だれかが何かをしてくれたことで、胸にじんときたことはない？
・どんなときに、だれがしてくれたこと？

↓

・その人がいなくて自分一人だったら、どうなっていたと思う？
・胸にじんときたあと、どうした？

↓

・その人はどんな気持ちでしてくれたんだと思う？

↓

・「人の温かさ」はまわりの人にどんな影響《えいきょう》を与える？
・まわりに「温かさ」を伝えるためには、どうすればいいと思う？

［問題例］**自然を守るために、**あなたが取り組んでいることを書きなさい。

・節電やリサイクルなど、生活の中で気をつけていることはない？
・いつ、どこで、どんな行動をしているの？

↓

・なぜそれに取り組むことにしたの？
・それによって変化や効果はあった？

↓

・その行動をしていて気づいたり感じたりしたことは？
・まわりの人も同じように行動しているの？

↓

・なぜ自然を守らなければならないと思う？
・自然を守るために、これから自分はどうしたい？

その四　練習問題

レッスン１の仕上げとして、実際の入試問題をやってみましょう。

1　駿台甲府中学校（山梨県）

あなたは四月から中学生です。新しい環境に最初はとまどうこともあるでしょう。そんな中、何をどのように頑張っていこうと考えていますか。次の《条件》をよく読み、作文を書きなさい。

《条件》

1　「何を」は学習だけに限りません。自分が挑戦してみたいことについて自由に書きなさい。

2　字数は百二十字以上百五十字以内で書きなさい。句読点《くとう》（「。」や「、」）も字数に入ります。

3　解答欄《らん》の最初の一マスから書き出しなさい。

4　その他、原稿《げんこう》用紙の正しい使い方に従うこと。ただし、段落《だんらく》分けが必要な場合でも、行を変えず続けて書きなさい。

作文は別冊の**「解答用紙」**に書いてください。

1の解答らんを使ってください。

さくら先生

これはよく出るテーマです。クラブ活動・勉強・趣味《しゅみ》など何でもいいですよ。

かいとくん

一二〇字以上も書けるかなぁ…。

だいじょうぶ！　書くことが決まれば一二〇字はあっという間です。

みさきさん

最初の１マスをあけてはいけないし、改行もしてはいけないんですね。

そうですね。条件を満たさないと減点になりますので、最後までよく読まなければいけないですね。

けんたくん

先生、自分のことは「ぼく」って書けばいいですか？

「ぼく」でも「私」でも、どちらでもいいです。やがて男の子も「私」と書くように指導されますので、これからは「私」と書きましょうか。

なんか、ちょっとはずかしいなー。

けんたくんの作文

1マス目から始まっていますね

私は、サッカー部に入って、試合に出るため
に練習をがんばっていこうと考えています。
なぜなら、試合で活やくして、将来、プロの
選手になりたいからです。プロの選手になる
ために、毎日一生けん命練習して、技術を高
めたいと思います。また、良いプレイをする
ためにも、メンバーとの信らい関係を築いて
いきたいです。

「何を」が明確に書かれています

「どのように」が具体的に書かれていますね

120字以上書けていますね

【さくら先生のチェックポイント】

まずは、
字数が守られているか
原稿用紙が《条件》のとおりに使えたか
を確認しましょう。

次に、文章の内容についてです。

何をがんばりたいかが
明確に書かれていますか?
どのようにがんばりたいかが
具体的に書かれていますか?

これらがおさえられていればOKです。

より上手な作文にするために、
「なぜがんばるか」、「さらにどうしたいか」
などを加えるとよいでしょう。

レッスン 2

さまざまなテーマの入試作文

さあ、ここからは、
実際の中学入試で出題された問題を使って、
作文をどんどん書いていきましょう。

レッスン2では、**主に公立中高一貫校の適性検査から、**
さまざまなテーマの作文問題を選んでみました。

保護者のみなさん。レッスン1（10ページ）でまとめたように、
お子さんに**「なぜ？」「どんな？」**という質問をくり返して、
作文の材料をさがす手助けをしてあげてください。

では、次のページから始まる問題の取り組み方を説明します。

○ 作文は**別冊の「解答用紙」**に書いてください。
解答らんには**各問題と同じ番号**がふってあります。
問題番号は、この本全体の通し番号ですので、
問題番号を目印に解答らんをさがしてください。

○ 問題の後には、けんたくん、かいとくん、みさきさんにその作文を書くためのアドバイスをしている、
「この作文の書き方・教え方」のページがあります。
親子で作文に取り組むときの参考にしてください。

○ 「この作文の書き方・教え方」の後には、子どもたちの作文を赤ペンで添削《てんさく》したページがあります。
お子さんの作文を添削するときの参考にしてください。
別冊の「添削チェックシート」も、添削に役立ててください。

さあ、けんたくん、かいとくん、みさきさん、準備《じゅんび》はいいですか？

それでは、始めましょう！

その一　自然との関わりについて

2　岡山県立岡山操山中学校（岡山県）

花子さんは、さまざまな自然体験活動をしました。動物の世話をしたとき、毎日きちんと世話をしなければ元気がなくなることがわかりました。その体験から自分も周りの人に支えられていると感じ、動物だけではなく友達や家族に対して優しく接するようになりました。

あなたは自然体験活動から、どのようなことを感じたり学んだりできると思いますか。そして、その体験を通してどのような態度や行動が身につくようになると思いますか。花子さんの体験や感じたこと、態度以外で、次の条件に合うように、あなたの考えを二百字以内で一つ書きましょう。（段落わけはしなくてよろしい。「、」や「。」も一字に数えます。）

○作文に書く内容について
・具体的な自然体験活動の例を入れ、その活動から感じたり学んだりできると思うことを書くこと。
・身につくようになると思う態度や行動を書くこと。
・具体的な例は、左の【さまざまな自然体験活動の例】を使ってもよい。

【さまざまな自然体験活動の例】
○野外すい事をする
○山登りやハイキングをする
○ボートやカヌーに乗る
○昆虫《こんちゅう》や水辺の生物をつかまえる
○植物や岩石を観察し調べる

解答用紙番号→2
「書き方・教え方」→16ページ
「作文例」→17ページ

【この作文の書き方・教え方】

けんたくん

ゴールデンウィークに家族で山登りをして、きれいな景色を見たときに、自然ていいなぁと思ったことを書こうかな。でも、一文で終わっちゃうよー。

さくら先生

いい材料を見つけましたね。まず、【さまざまな自然体験活動の例】にある言葉を使って、「私は、山登りやハイキングをすることで、○○○○を感じることができると思います。」という形で書き始めてみましょう。

できた！　次は何を書けばいいですか？

山登りをしていたときに感じたことを、**もっと細かく思い出してみましょう。**どんなことがありましたか？

きれいな花がさいていたり、見たことのない草が生えていたりしたよ。あと、緑の中で食べたお弁当は最高だったなぁ。自然をいつもより近くに感じて、こういうのもいいなぁって思ったんだ。

それを一つずつ書いていけばいいんですよ。では、「自然ていいなぁ」と感じたけんたくんは、**これから自然とどう関わっていきたいと思いますか？**

やっぱり、自然をよごしたりこわしたりしちゃいけないってことかなあ。

そうそう、その調子！　作文の結論が見えてきましたね。では、自然を守ることにつながる**行動を具体的に挙げてみましょう。**

たとえば、水をむだ使いしないとか、電気をつけっぱなしにしないとか…。

いいですね。それらの行動が「身につくようになると思います。」と書けば、作文のまとめになりますよ。最初から読み直して、表現なども整えておきましょうね。

やったー！　作文ができちゃった！　先生、ありがとうございます!!

けんたくんの作文

「具体的な自然体験活動の例」が、
はっきりと書かれていますね

作文にふさわしい
書き言葉を使いましょう

　私は、山登りやハイキングをすることで、自然の美しさやすばらしさを感じることができると思います。ふだんの生活では、自然とふれ合う機会は~~あんまり~~あまりないです。山に行って、美しい花やめずらしい植物を見ながら歩いたり、緑に囲まれて昼食を食べたりすることで、自然を身近に感じられると思います。そうすれば、自然を守ろうという意識が強くなり、水や電気を節約する~~とか~~などの行動が身につくようになると思います。

200

問題文の言葉をそのまま使って
「身につくようになると思います」
と、きれいにまとめています。
すばらしいです！

活動から「感じたり学んだり
できると思うこと」が
しっかりと書かれていますね

その二　社会との関わりについて

③　履正社学園豊中中学校（大阪府）

次のテーマについて、条件1・2にしたがって、解答用紙に作文を書きなさい。

【テーマ】「電車の中でのめいわくな行動」について、自分の体験や見たり聞いたりしたことを通して、感じたり、考えたりしたことを記しなさい。

（条件1）原稿《げんこう》用紙の使い方にしたがい、二段落構成の二百六十字～三百字で記しなさい。その際、名前、題名は記さず本文だけを記すこと。二百字未満は採点対象としません。

（条件2）はじめの段落では、自分の具体的な体験や見聞を記しなさい。あとの段落では、はじめの段落で記した内容をふまえ、それについて自分の感じたことや、考えたことを記しなさい。

解答用紙番号→③
「書き方・教え方」→19ページ　「作文例」→20ページ

【この作文の書き方・教え方】

かいとくん

この前、放課後に、母と電車で買い物に出かけました。そのとき、混んでいたのに、座席に荷物を置いて、友達の席をとっている人がいたんです。それを見て、ちょっと腹が立ってしまいました。でも、これだけじゃあ、二六〇字も書けないです…。

さくら先生

だいじょうぶ。いま話してくれたことが、一段落目になります。二段落目には、**なぜ腹が立ったのか**を書くと、内容に厚みが出て、量も増えますよ。

自分の友達以外の人のことを考えていないから、かなぁ…。友達への思いやりなのかもしれないけど、周りが見えていないっていうか…。みんな座りたいのに、自分勝手な感じがします。

それを書きましょう。「思いやり」という**いい言葉を思いつきましたね**。そもそも「思いやり」とは、**どういうもの**なのでしょうね？

道徳の授業などでも、「思いやり」の大切さを教わりました。思いやりは、自分の親しい人だけに向けるものではないのですよね。

そうですね。**公共の場での思いやりやマナーについての考え**を書いて、この作文のまとめにしましょう。

何とかまとめることができました。完成です！

がんばりましたね！　それでは、先生から、作文をもっとよくするためのアドバイスです。後半の段落の最初に「だれだって」とありますね。採点する人が、**話し言葉を使っている**と判断して、減点するかもしれませんよ。また、その後の**一文が長い**のが気になります。どう直せばいいでしょうか。

「だれでも」に直します。それから、「めいわくな行動であり、」のところで一回切るようにします。**書いたものを読み直すって、大事なこと**なんですね。

いいところに気がつきましたね！　そうです、一度書いた作文は必ず読み直すようにしましょう！

かいとくんの作文

「感じたこと」や「考えたこと」も
はっきり書かれていますね。
最後の文の内容は、公共の場で最も
大事なことの一つです。
すばらしいまとめです！

一文が三行より長くなったら、
短くできないか考えてみましょう

二段落構成になっていますね

　平日の夕方の電車内で、後から乗ってくる友達のために、荷物を置いて「座席取り」をしている人を見かけました。その席に座る人がようやくやって来たのは、一番混み合っている時間帯が過ぎた後のことでした。
　だれ~~だって~~でも電車に乗ったら座りたいと思っているはずです。ですから、友達が乗ってきた時に座れるように、あらかじめ座席を取っておくことは、めいわくな行動~~であり、~~です。他の人の座る機会をうばうことになるので、ずるいと感じます。私は、小学校で、思いやりの心を持つことの大切さを教わりました。思いやりの心は、自分の知り合いだけでなく、同じ場所に居合わせたすべての人に向けられるべきだと考えます。

言いたいことを
適切にまとめた、
とてもよい表現です

一段落目に「具体的な体験や見聞」
がしっかりと書かれていますね

「260字以上」も
クリアできていますね

作文にふさわしい書き言葉を
使いましょう

その三

コミュニケーションについて

4 群馬県立中央中等教育学校（群馬県）

次の文章は、日本人である著者《ちょしゃ》が、アメリカの大学に留学したときの経験を書いたものです。これを読んで、感じたことや考えたことを、あなたが見たり聞いたり、実際に体験したりしたことなどをふまえて、四百字以上、六百字以内で解答用紙に書きましょう。

アメリカ人には、「あうんの呼吸《こきゅう》」が、まったくつうじません。あうんの呼吸とは、ひとことでいえば、だまっていてもなんとなくおたがいの気持ちがわかる、ということですが、これはやはり日本人だけのもののようです。

たとえば、寮《りょう》のルームメイト（アメリカ人）が窓《まど》をあけたままにしています。わたしは寒いので、しめてほしいと思っていますが、彼《かれ》はおかまいなしです。

これが日本人どうしだと、わたしの気持ちを察して「あっ、寒いかい？」「しめようか？」などと声をかけてくることが多いはずです。でも、アメリカ人にそれを期待していると、最後には、かぜをひいてしまうことになります。

ですから、わたしもはっきりいうことにしました。

「寒いから窓をしめてくれないか。」

もちろん、ルームメイトはいやな顔ひとつせず、窓をしめてくれます。

アメリカ人が、鈍感《どんかん》なわけではありません。彼らは、ことばによる意思表示を、とてもたいせつにしているのです。

それは、ずばり日本人に欠けているところでもあります。はっきりと自分の意思を相手につたえるのが苦手なのです。あいまいな表現や不十分なことばが、アメリカ人ばかりか、多くの国の人に誤解《ごかい》をあたえることも少なくありません。

（明石《あかし》　康《やすし》「平和へのかけ橋」より）

（注）ルームメイト…寮などで同じ部屋で暮らしている人。

解答用紙番号→4
「書き方・教え方」→22ページ
「作文例」→23・24ページ

【この作文の書き方・教え方】

みさきさん

この文章には、**日本人はだまっていても相手の気持ちを察することができること**、**アメリカ人は「ことばによる意思表示」をとても大切にすること**が書かれていました。

さくら先生

きちんと読みとれましたね。日本人とアメリカ人のちがいを知って、みさきさんは、どのような考えを書こうと思っていますか？

日本人のように相手の気持ちを察することもすてきだと思いますし、アメリカ人のようにはっきり言う必要があるのもよくわかります。だから、どっちにするか決められないんです。

どちらか片方に決めなくてもいいんですよ。

両方とも大事だって書いてもいいんですか？

もちろんです。

よかった！　それならすぐに書けそうです。

まず、どちらも大切だという自分の意見を、**最初の段落にはっきりと書きましょう**。そして、それぞれに関する**自分の体験**を書いて、**最後にまとめる**んです。

わかりました。ことばにしなくても友達がわかってくれた経験もありますし、ことばを省いて失敗した経験もあります。

それらの経験から、**コミュニケーションで大事なこと**は何だと考えましたか？

人と人とが関わる場面は、さまざまです。だから、一つの方法だけに決められないと思います。その時その時で、一番いい方法を選べばいいんだと思います。

とてもよい結論が出ましたね！　**問題に段落の指定が**ない場合でも、**内容に合わせて段落分けをすると読みやすくなりますよ**。

みさきさんの作文

「見たり聞いたり、実際に体験したりしたこと」が、
しっかりと書かれていますね

「感じたことや考えたこと」が
はっきりと書かれていますね

　私は、相手の気持ちを察することと、ことばではっきりと意思表示をすることとは、人と人との関わりにおいて、どちらも大切だ。

　花粉しょうの私は、持っていたティッシュを使い切って困ってしまったことがある。しかたなくハンカチを使おうとしたら、となりの席の友達が、そっとポケットティッシュをくれた。友達のさりげない優しさがとてもうれしく、心を打たれた。言われなくても相手の気持ちを察することは、世界にほこれる日本人の美徳であり、これからも大切にするべきだと思う。

　一方で、こんなことがあった。私は、学級会の発表の時に、みんな分かるだろうと思っ

と考えた

も

すてきな表現ですね

話し言葉のような言葉の省略を
しないように気をつけましょう

「私は」に対応させましょう。
一文が長くなると、このような
まちがいをしやすくなりますの
で、気をつけましょう

どうして言葉を省略したかが
書かれていて、
その時のみさきさんの気持ちが
よく伝わりました。
よい表現ですね！

て、くわしい説明を省略~~したことがある~~して伝えた。すると、ことばが足りなかったために誤解が生じ、話し合いが混乱してしまった。その時に説明がくどくなることをおそれず、ことばではっきりと伝えることが大事なのだと実感した。

　人とのコミュニケーションは、さまざまな場面で行われるものだ。だから、一つの方法だけで分かり合おうとするのは無理があると思う。ことばにせずに察するのが良いか、はっきりとことばで表現するべきなのかを、時と場合によってきちんと判断できるようになりたいと思う。

段落指定の条件はありませんが、
内容に応じて、段落分けが
上手《じょうず》にできていますね。
まとめ方もとてもすばらしいです！

二行前の「～ことがあった」と
同じ表現ですので、
ちがう表現にした方がよりよいですね

5　岩手県立一関第一高等学校附属中学校（岩手県）

あなたは、友達関係について、自分の考えを発表することになりました。インターネットで調べたところ、次のような資料１の友達に関する意識というデータを見つけました。そこで、小学生と中学生の意識の差に注目し、さらに別の資料を用いて自分の考えをまとめることにしました。

資料１【友達に関する意識】

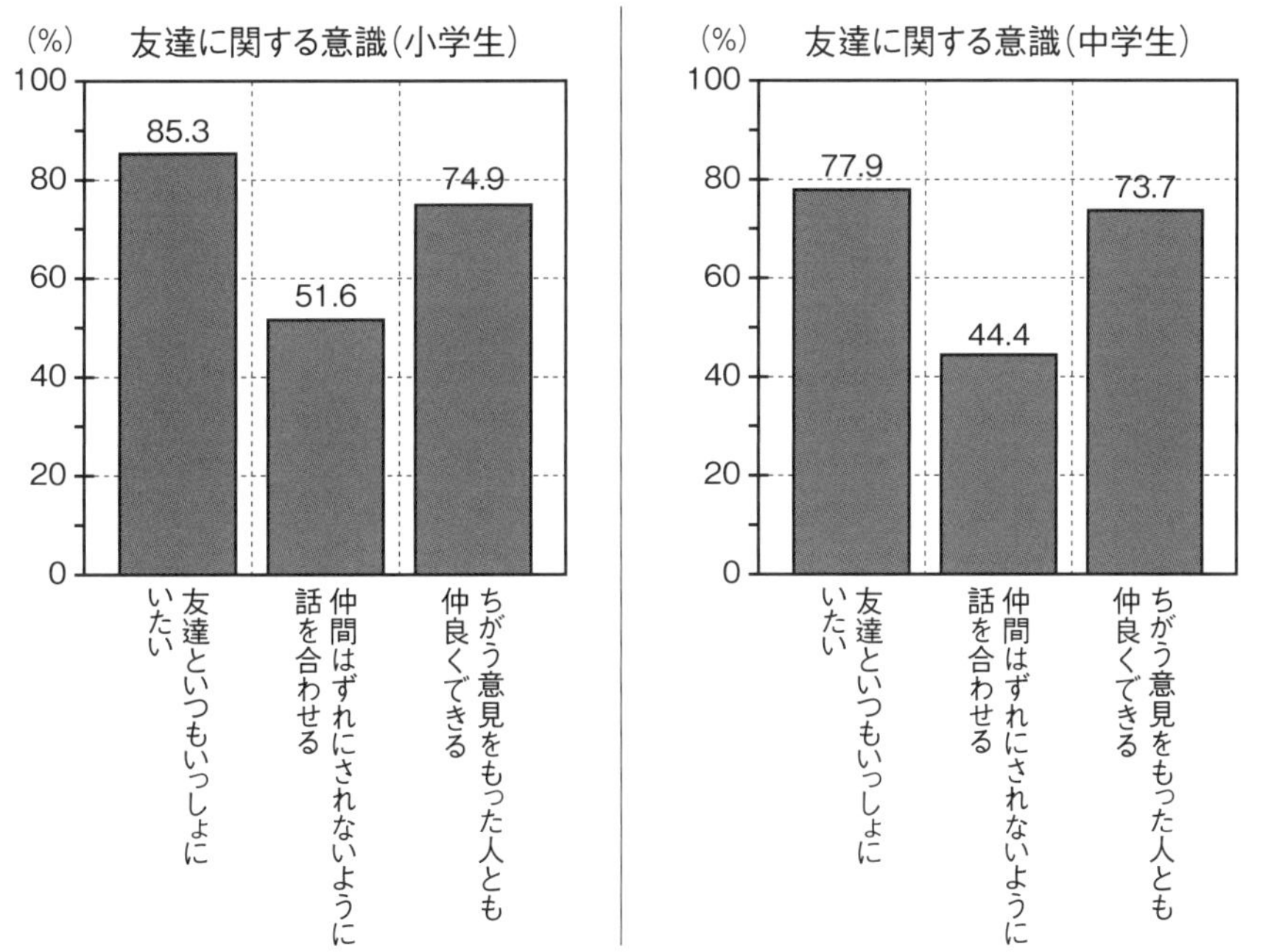

第２回子どもの生活実態基本調査報告書（Benesse 教育研究開発センター 2009）より作成

解答用紙番号→5
「書き方・教え方」→27ページ
「作文例」→28・29ページ

問題　あなたは、「友達といつもいっしょにいたい」という回答に注目して、自分の考えをまとめることにしました。次の条件1～5にしたがって作文を書きなさい。

条件1　四段落構成とし、原こう用紙の正しい使い方にしたがって、二十行以上二十五行以内で書くこと。

条件2　一段落目には、「友達といっしょにいたい」という回答について、データから分かる小学生と中学生の意識のちがいを書くこと。

条件3　二段落目には、なぜ小学生と中学生とでは友達に関する意識がちがうのか、その理由として考えられることを、下にある資料2または資料3のいずれかと結びつけて書くこと。（両方の資料を使ってもよい。）

条件4　三段落目には、一段落目と二段落目に書いたことをふまえて、あなたの考えを、具体的な経験をもとに書くこと。

条件5　四段落目には、あなたが中学生になって、よりよい友達関係を築くためにどのようにしたいか書くこと。

資料２【小中学生の友達に関する意識】

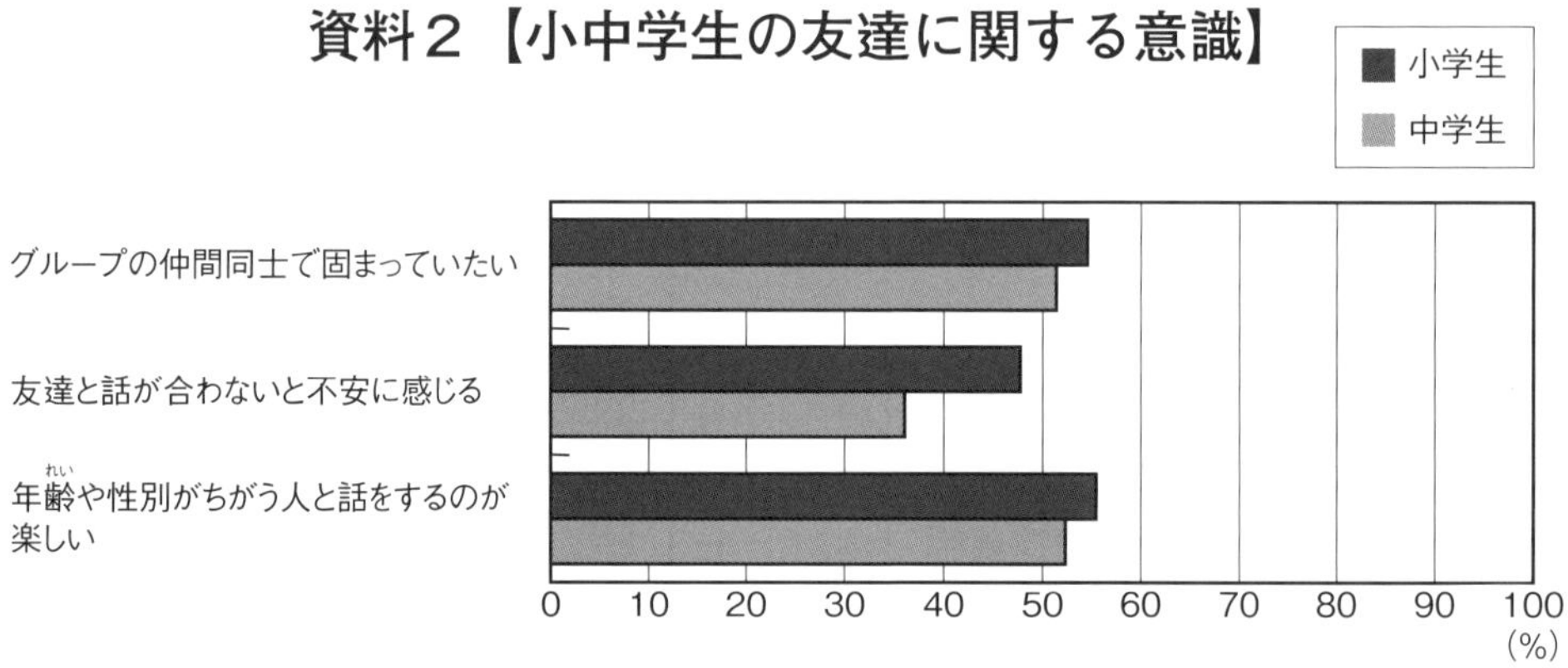

第２回子どもの生活実態基本調査報告書（Benesse 教育研究開発センター 2009）より作成

資料３【小学生Ａさん、中学生Ｂさんのある１日】

	6時	7時	8時				16時	17時	18時	19時	20時	21時	22時	
小学生Aさん	すいみん	起床《しょう》	朝食	登校	授業	下校	友達と遊ぶ	習い事	家庭学習	夕食	入浴	テレビ	読書	すいみん
中学生Bさん	すいみん	起床	朝食	登校	部活動朝練習	授業	部活動	下校	夕食	入浴	テレビ	家庭学習	すいみん	

【この作文の書き方・教え方】

けんたくん

グラフを見て書く作文なんて、やったことないや。条件もいっぱいあるなぁ。先生、助けてください！

さくら先生

初めてだとあわててしまいますよね。でも、だいじょうぶ。落ちついて見ていきましょう。
長い作文は、**条件があるほうが、書く内容が決まっていてまとめやすい**こともあるんですよ。
まず、資料1の「友達といつもいっしょにいたい」人の割合について、小学生と中学生をくらべてみましょう。

中学生のほうが低いです。**なんでだろう。**そういえば、うちのお兄ちゃんも、中学生になって友達と遊ぶ時間が少なくなったみたい。部活ばっかりやってる！

けんたくん、とてもいいことに気がつきましたね。資料3を見てください。小学生には「友達と遊ぶ」時間があるけれど、**中学生にはない**でしょう？

ほんとだ！　やっぱり部活が関係するんですね。中学生になると、「友達と遊ぶ」こと以外に、やりたいことや、やらなきゃいけないことが増えるってことかな…。

ほら、一段落と二段落の内容が書けそうでしょう。**その内容にあてはまりそうな体験**はありますか？

ぼくまだ小学生だしなー。そうだ！　サッカー教室に通い始めたとき、最初は友達と遊べないのがいやだったけど、だんだんサッカーにはまっていって、楽しくなったんだ！

これで三段落目も書けそうですね。では、中学生になったら、**友達関係で気をつけたいことや意識したいこと**はないですか？

ぼくだけじゃなく、みんなも遊ぶ時間が減っちゃうってことだから、相手のつごうもよく考えなきゃな。遊ぶ時間が減っても、今までどおり、友達は大事にしたい。

いいことですね。その気持ちを四段落目でまとめましょう。

けんたくんの作文

小学生と中学生のちがいがおさえられていますね ✿

どちらの資料を元にしているか、はっきりと書いてあるのがよいですね ✿

三段落目は、「具体的な経験」がもりだくさんで、よいですね ✿

　中学生は、小学生に比べて「友達といつもいっしょにいたい」と回答している人の割合が低いです。

　資料3を見ると、中学生Bさんは部活動をしていて、放課後は友達と遊んでいません。このように、中学生になると友達と遊ぶこと以外にやりたいことが増え、そちらに興味が移るので、「友達といつもいっしょにいたい」という思いが弱くなると考えられます。

　私は、三年前からサッカー教室に通っています。最初は友達と遊ぶ時間が減ってしまうのがいや~~だった~~でしたが、だんだんとサッカーが楽しくなり、友達と遊びたいから練習に行きた

「です・ます」調で書くときは、特に文の途中《とちゅう》に注意しましょう

「よりよい友達関係を築くために〜したい」と、条件の言葉をそのまま使ってきれいにまとめていますね。内容も、とても大切なことにふれています。すばらしいです！

ここを「〜ではありません。」として文を切ってもよかったですね。このままでもまちがいではないですよ

くないと思うことはなくなりました。友達と遊ぶのが楽しくなくなったというわけではなく、他にも楽しいことや興味があることが見つかり、友達といっしょにいる時間が短かくなっても平気になったのです。

　私は、中学生になったらサッカー部に入るつもりです。勉強時間も増えるので、今よりも友達といっしょにいる時間は減ると思いますし、それは友達にもあてはまることです。ですから、よりよい友達関係を築くために、遊ぶ時間以外の相手の時間のことを、よく考えるようにしたいです。

減点するほどではないですが、「経験をもとに」した「考え」だということをはっきりと示すために、「なったのだ、と考えました」とした方がより条件に合いますよ

送りがなに気をつけましょう

その五　たくさんの条件にしたがって書く

6　栃木県立宇都宮東高等学校附属・佐野高等学校附属・矢板東高等学校附属中学校（栃木県）

　ある小学校の6年1組では、Aさんたち5人の学級活動の計画委員が、次の学級活動の内容について話し合いをしています。

先　生：計画委員のみなさん、話し合いを始めてください。

Aさん：次の学級活動の議題は何がいいですか。

Bさん：卒業式が近いから、卒業に関係する議題がいいと思います。

Cさん：なるほど。卒業に向けて全員で何かやりたいですね。

Dさん：みんなの思い出づくりのために、「お楽しみ会について」がいいと思います。

Eさん：お楽しみ会もいいけれど、クラス全員で、学校生活でお世話になった方々や学校のために何かをするのはどうでしょうか。

Bさん：そうですね。卒業を前に感謝の気持ちを表せるといいと思います。

Aさん：それでは、議題は「感謝の気持ちを表そう」でいいですか。

全　員：賛成です。

　この後、先生と相談しながら話し合いを続け、下の図のように決まったことをまとめました。

計画委員の話し合いで決まったこと

議題　感謝の気持ちを表そう

提案理由
　卒業まで一か月になり、学校生活でお世話になった方々や学校に対して、クラス全員で感謝の気持ちを表したいと思ったから。

話し合うこと
・だれ（何）に対して感謝の気持ちを表すか。
・どんな方法で感謝の気持ちを表すか。

活動する日時
・三月の初めのころ　五、六時間目

活動する際に注意すること
・感謝の気持ちを表す対象は、クラスの多くの人がお世話になった方々（複数でも一人でもよい）、または、よく使用した場所とする。
・役割《やくわり》を分担《ぶんたん》して取り組んでもよい。
・お金を集めることはせず、学校や家にある道具・材料を使う。
・すべての活動（制作、作業など）を五、六時間目の中で行う。
・校外には出ない。

図　学級活動の時間に黒板にはる模造紙《もぞうし》

Aさん：学級活動の話し合いでは、感謝の気持ちを表す対象や方法についてどんな意見が出てくると思いますか。

Dさん：お世話になった方々に何かを作っておくろうという意見が出るかもしれないですね。自分たちで作れる物といったら何があると思いますか。

Bさん：家庭科で手ぬいやミシンの使い方を習ったから、ぞうきんを作るという意見が出てくるかもしれませんね。

Dさん：それならだれでもできそうです。学校で使ってもらえたらうれしいですね。

Aさん：ほかにどんな方法があると思いますか。

Cさん：6年間お世話になった給食の調理員さんに、折り紙で感謝の金メダルを作っておくるという意見も出るかもしれませんね。

Aさん：そうですね。メダルといっしょに手紙をわたすという方法も出てきそうですね。

Eさん：学校のために何かをするということについては、どんな意見が出るでしょうか。

Bさん：校舎をきれいにするのも、感謝の気持ちを表すことになると思います。

Cさん：どんな意見が出るか楽しみです。

Eさん：当日の話し合いがうまくいくといいですね。

Aさん：これで、計画委員の話し合いを終わりにします。

あなたのクラスでも、学級活動において「感謝の気持ちを表そう」という議題で、右の図の内容に従《したが》って話し合いをすることとします。

あなたは、どのように感謝の気持ちを表したいと考えますか。上の会話を参考にして、右の図の内容と次の条件に従って具体的に書きなさい。

（条件）

ア　だれ（何）に対して感謝の気持ちを表したいかを書きなさい。なお、その対象を選んだ理由も書きなさい。

イ　感謝の気持ちを表す方法を書きなさい。なお、その方法を選んだ理由も書きなさい。

ウ　あなたが経験したこと、または、見聞きしたことにもふれなさい。

エ　字数は600字程度で書きなさい。

解答用紙番号→6
「書き方・教え方」→32ページ　「作文例」→33〜35ページ

【この作文の書き方・教え方】

かいとくん

話し合いの内容や会話などを読みとったうえで、自分の考えを説明しなければならないのですね…。

さくら先生

このような形式の問題は、**公立中高一貫校の適性検査によく出るので、慣れておきたい**ですね。設定された**場面の流れをつかんで、何を書かなければいけないか**を正しくとらえましょう。

まず、**どのように感謝の気持ちを表したいか**を書くんですよね。条件で、「**だれ（何）に対して**」と「**理由**」、「**方法**」と「**理由**」を書くことが決められています。あとは、**自分の経験**も入れなければいけない…。

大きな注意点をしっかりおさえることができましたね。ほかに気をつけることはないですか？　**図の中**などもよく読みましたか？

見落としました…。図の中の「**活動する際に注意すること**」とあるのも、書くときに必要なんですね。

そうなんです！　**問題に示された図やグラフなどもしっかり見る習慣**を身につけましょうね。感謝を表す対象と方法は決まりましたか？

クラスの多くの人がお世話になっていて、自分にも経験があること…。保健室の先生にしようかな。どうやったらみんなの気持ちがよく伝わるかなあ。学校や家にある物を使って、五、六時間目だけでできそうなこと…。何にしようかな…。

よく考えてから書くのは大事なことですよ。でも、**考えすぎて書く時間が足りなくなる**こともありますから、自分で**時間配分を考えてから書き始める**ことも大事なんです。この作文は45分で書かなければいけないので、例えば、問題を読みとるのに5分、**対象と方法を決めること**と、**各段落に書く内容を決める**のに5分、10分で二〇〇字として、作文を書きあげるのに30分、**最後の見直し**に5分、というようにです。

ぼくはいつも時間が足りなくなって、最後にあせっちゃうんです…。うまく時間配分できるように練習します！

かいとくんの作文

「だれ（何）に対して」が
はっきり書かれていますね

　私は、保健室の先生に感謝の気持ちを表したいと思います。ケガをした時や病気になった時は、痛みや不調でつらいだけではなく、何となく不安な気持ちになるものです。私は、授業中に具合が悪くなって保健室に行き、母がむかえに来るのを待っていたことがあります。その時、保健室の先生が「だいじょうぶだよ」と優しく声をかけてくれたことで、とても安心しました。私と同じような経験をした人はたくさんいると思います。ですから、いつも優しい笑顔で学校生活を支えてくれた

「経験したこと、または、見聞きしたこと」
にも、しっかりとふれていますね

「その対象を選んだ理由」も
しっかりとおさえられています

「感謝の気持ちを表す方法」も
大丈夫ですね。
内容もとてもすてきです！

保健室の先生を選びました。
　感謝の気持ちを表す方法として、大きな紙で「ありがとうの木」というカレンダーを作っておくることを考えました。理由は、先生がカレンダーを見るたびに、私たちの感謝の気持ちが伝わったらうれしいです。大きな紙の下半分を一年分のカレンダーにし、上半分に、感謝のメッセージをはります。メッセージは、色紙を木の葉や花びらの形に切り、一人一枚ずつ書きます。はった時に一本の木ができるようにすれば、みんなの気持ちが一つ

から

主語が「理由は」なので、
「～から」とまとめましょう

「その方法を選んだ理由」も
しっかりとおさえられています

最後のまとめもすてきですね。
かいとくんの優しさがよく表れていると思いますよ！

になっていることが表現できるだろうと考えました。

　「ありがとうの木」は、気持ちがこもっていて、実用的なおくり物です。また、クラス全員が制作に参加でき、五、六時間目の中で仕上げることができるので、感謝の気持ちを表す方法としてふさわしいと考えました。

　毎日いそがしい保健室の先生が、「ありがとうの木」を見てなごやかな気持ちになってくれることを願って作りたいと思います。

600

「活動する際に注意すること」も
しっかりと書かれていますね

休み時間

さくら先生

レッスン3に入る前に、ちょっと休憩《きゅうけい》しましょう。ところで、ここまで作文を書いてきて、何か感じたことはありますか?

みさきさん

自分の体験を思い出して、そこから何を書けばいいかを考えるのがむずかしかったです。

そうですね。作文が苦手でなくなるためには、**ふだんの生活での心がけ**が大事なんですよ。

けんたくん

えっ! ふだんから作文のことを考えて過ごすんですか?

心配いりませんよ。特に作文のために何かをする、というわけではないんです。生活の中で、**何か心が動くことがあったときに、ノートなどに書きとめておく**といいですよ。うれしかったこと、悲しかったこと、感動したこと、考えさせられたこと、などですね。

そうやってたくさん書きためておけば、作文のテーマに合う体験をすぐに思い出せそうです。さっそくノートを用意しようっと!

かいとくん

作文に書けるぐらい心が動くことって、そんなにたくさんあるかなぁ…。

そうそう。行事とかがあればいいけど、ふつうの日に、そんなネタころがってないよね。

友達と遊んでいるときのこと、家族が言ったこと、本やテレビから感じたこと、食べた物、何でもいいんですよ。その**出来事から何かを感じとり、それについて自分の頭で考えるくせをつけることが大事!**

特別な出来事じゃなくてもいいんだ！　それならいっぱいありそう。

逆に、「いつものことだから」って思ってしまって、気にとめないかもしれません。

それなら**日記がオススメ**。毎日、その日の出来事をふり返って何かを書こうとすると、**題材を見つける力**、**文章を組み立てる力**、**考える力**がつきますよ。日記を書いたら、保護者の方に読んでもらいましょうね。

さっそく今日から日記を書いてみます！　でも、日記を見せるのはちょっとはずかしいかな…。

書く力をつけるためには、**読む人にわかるように書くことが大事**なんですよ。表現のまちがいなども見つけてもらえますしね。それから、読んだ人の意見や感想も聞いてみましょう。

同じテーマで、**お母さんやお父さんと話してみるって**ことですか？

そうです。人の意見を聞くと、ちがう見方があることに気づいたりするでしょう。**自分以外の人の感じ方、考え方があることを知ったうえで、自分はどう考えるかが重要なんです。**そのようなコミュニケーションが、作文の内容を豊かにしてくれるんですよ。

こんなことがあった、こう思った、というのは書けそうだけど、それが試験の作文のテーマにつながるのかなぁ。

たとえば「運動会」。「学校生活でがんばったこと」「自分が成長したこと」「友達との関係」など、いろいろな方向から書けそうなことがありますね？

一つの出来事に一つのテーマ、ってわけじゃないんだ！　**ある出来事を、いろんなとらえ方で見ればいい**んですね。

そうですね。**実際に、いろんなテーマで書いてみることが大事。**自分が受験する学校の過去問はもちろん、この本を使って、たくさん練習しましょう。一度書いたことは自分の中にたまっていきますから、**たくさん練習するほど、内容のレパートリーや使いこなせる表現が増えていきますよ。**

レッスン 3

長文の内容をふまえて書く入試作文

レッスン3では、公立中高一貫校の適性検査の中から、長文読解とセットになった作文問題を選んでみました。これらの問題の特徴として、次のような点が挙げられます。

○ 2〜4ページくらいにわたる長文の後に問いが複数あって、最後の問いが自分の考えを述べる作文になっています。

○ 長文の内容は、難易度の高い中学入試の国語の問題で使われるようなレベルです。

○ 問題のレベル、記述量を考えると、事前の対策なしで受験した場合は制限時間内に書き上げるのがむずかしいと思われます。

ここまでで基礎《きそ》力をつけてきたのですから、だいじょうぶ！　最初は時間を気にせず、問題形式に慣れることにしましょう。時間を計るのは、65ページ以降にある〈実力だめし！入試作文〉に取り組むときでいいですよ。

時間をかけすぎないためのコツは、**本文の後の問いを読んでから、本文を読み始める**ことです。解答に関係するポイントが本文のどのあたりにあるかに注意して読むと、あわてて読み直すということがなくなりますよ。ひさしぶりに「今回のポイント」にまとめておきます。では、始めますよ！

今回のポイント

本文の後の問いを読んでから、本文を読む。

その一　話し合うことについて

7 東京都立三鷹中等教育学校（東京都）

次の文章を読んで、あとの問題に答えなさい。（＊印の付いている言葉には、本文のあとに〔注〕があります。）

> 小学四年生の歩美《あゆみ》は、クラスの代表委員をしている。代表委員会では、学年集会の計画を立てているが、なかなか意見が出ない。歩美は、バスや地下鉄に乗って市内の資料館や観光名所等を見学する「ノルミル」というスタンプラリーから考えた「学校ノルミル」を担当《たんとう》の東海林《しょうじ》先生に提案しようとしている。

「先生、いいこと考えました。」

「いいこと？」

「学年集会です。」

「はりきってるねぇ、寒くなかったかい。」

先生と玄関《げんかん》までゆっくりと歩いた。

「学校ノルミルなんです。」

「ノルノル？」

ぷっ。先生も陽太《ようた》と同じだ。

「学校のあちこちにスタンプを置いて、それを集めるんです。」

「え。」

先生はふしぎな顔をした。

「集めるって、バッグに？」

「ちがうちがう。集めるっていっても、持ってくるんじゃなくて、スタンプをぽんって押《お》すってことです。」

わたしは両手で押すポーズをした。

「あ、そうかそうか。」

それじゃ、とんだ〈集める〉だ。

「スタンプラリーか、なるほど。どういうところに置けばいいかな。」

待ってましたとわたしは、メモ帳を取り出した。

「一階は保健室、理科室、体育館。二階は職員室、放送室、校長室。」

「はは、それはどうかなぁ。」

「だめですか。」

よく考えてみようと、先生は言った。

「スタンプっていうのは、どうしようか。」

「先生の『よくできました』スタンプ、貸してください。」

「ああ、あれでいいなら。」

先生はほかにも〈グッジョブ〉〈もうひといき〉〈やったね〉〈たいへんよくできました〉などのスタンプがあることを教えてくれた。

ちがう学年の先生ともすれちがった。

「朝から先生と打ち合わせかい？」

「はい。学年集会の。」

「すごいなぁ、今年の四年生は。」

なんだか背中《せなか》がくすぐったい。

「で、先生。ちょっと困《こま》ってることがあって。」

「困ってること？」

「人数です。みんなが同じところに行って大さわぎになったりしたら困るなぁって、どうしたらいいか、考えたんですけど、なかなかいい方法が思いつかなくて。」

先生は、うんうんとうなずいた。

「そうだなぁ。」

先生からも、すぐにいい考えは出てこないようだ。

どうしよう。やっぱりこれは無理だろうか。

そう思っていたら、「こういうとき、みんなで考えればいいんだよ。」と、先生が言ってくれた。

「みんなで？」

「そう。代表委員会で。」

「あ、そうか。」

「そのための委員会だからね。いいアイデアが出るかもしれないし。これとはまったくちがう*企画《きかく》が出るかもしれないし。」

「はい。」

「じゃ、近いうちに臨時《りんじ》の代表委員会を開きましょう。」

できるかもしれない。

わたしは小さくガッツポーズをした。

五時間目、体育館に集まった四年生みんなは、ミニスタンプ帳を持っている。わたしたち代表委員が放課後残って画用紙に印刷をしたものだ。

二組の代表委員がちょっと緊張《きんちょう》しながら、マイクを持った。

「今から『学校ノルミル』を始めます。決められたグループで行動してください。スタンプの場所に着いたら、そこでクイズに答えて、正解だったらスタンプを押してください。スタンプを三個集めたグループは〈あがり〉です。体育館に戻《もど》ってきてください。」

わたしが提案した「学校ノルミル」は代表委員会でみんなが賛成してくれた。それから、細かいやり方を決めた。何度も話し合いをした。

よくひびくマイクが、三組の代表委員に渡《わた》った。

「それではまず、クラスの各グループのリーダーさん、前に出てきてください。最初のスタンプポイントのくじをひいてもらいます。」

最初に行くところはくじにした。ここが、いちばんむずかしかったところだ。最初をこうやって分けたら、ひとつのところに人数が*殺到《さっとう》しない。代表委員と先生で何度も話し合って、見つけ出した方法だ。

「保健室だー。」

「わ、教材室ってどこだっけ。」

それぞれのグループが、四、五人で固まりながら体育館から出ていった。

さぁ、うまくいくだろうか。

なにか、トラブルは出てこないだろうか、心配だ。
特別教室はもちろん、渡《わた》り廊下《ろうか》や玄関にもスタンプを置いた。
低学年の先生に、教室を使わせてもらうこともお願いに行った。
「さぁ、君たちも行っておいで。」
東海林先生の声に、わたしたち女子代表委員グループ三人も学校ノルミルを開始した。

（升井《ますい》純子《じゅんこ》「行ってきまぁす！」による）

〔注〕企画《きかく》……計画。
殺到《さっとう》する……たくさんの人がおしよせる。

【問題1】代表委員会で決めたやり方が成功するかどうか、「歩美」が期待と同時に不安を感じている部分はどこですか。本文から四十字以内でぬき出し、改行せずに書きなさい。

〈注意〉・最初のます目から書き始めなさい。
・、や。や「なども一字として数えます。

【問題2】この文章を読んで、あなたはみんなで話し合って問題を解決することについて、どのように考えますか。あなたの体験を交えて百八十字以上二百字以内で、改行せずに書きなさい。

〈注意〉・最初のます目から書き始めなさい。
・、や。や「なども一字として数えます。

解答用紙番号→7【問題1】【問題2】
「書き方・教え方」→42ページ　「作文例」→43ページ

【この作文の書き方・教え方】

さくら先生

けんたくん、【問題1】はできましたか？

けんたくん

できました！　問いに、「代表委員会で決めたやり方が」とあるから、決めた後の**「五時間目、体育館に集まった四年生みんなは、」より後ろからさがしたんだ。**

いいさがし方ですね。では、【問題2】にいきましょう。けんたくんも、クラスのみんなで話し合ったことがありますね？

あります！　うちのクラスはリレーのタイムがおそくて、そのことをクラスで話し合ったとき、いいことに気づいた人がいて、運動会の本番では二位になれたんだ！

では、そのときのことを、**知らない人が読んでもわかるように、出来事の順番を整えて説明**してみましょう。**字数オーバーにならないように**、気をつけてね。

ほんと、話し合ってよかったよ。バラバラだったみんなの気持ちも一つになって、ちょっと感動したんだ。

けんたくんのように、**話し合ってよかったという経験**から書いてもいいですし、**話し合いがうまくいかずに失敗したことから、話し合いの大切さを学んだ**と書いてもいいんですよ。

なるほど！　反対方向からも書けるんですね。

けんたくんの作文

「このこと」が指しているのが
タイムを短くする方法であることを
はっきり書いたほうが
より伝わりやすいですね

〈注意〉のとおりに１マス目から
始まっていますね

【問題1】

さぁ、うまくいくだろうか。なにか、トラブルは出てこないだろうか、心配だ。

【問題2】

運動会の練習の時、私のクラスはやる気がなく、リレーで最下位になりました。このことについてクラスで話し合いをし、バトンの受けわたしの時間を短くすれば良いのではないかという意見が出ました。みんながその意見に賛成し、放課後に練習をしました。その結果、運動会で二位になることができました。みんなで話し合って問題を解決することで、より良い方法が見つかるだけでなく、みんなの気持ちもまとまるのだと考えます。

しっかりと「自分の体験」を
交えていますね

どのようにに考えるかが
よくまとまっていますね。
状況《じょうきょう》がわかりやすく説明されていて、
とてもすばらしいです！

その二

自分の成長について

8 東京都立三鷹中等教育学校（東京都）

次の文章は海外に移籍《いせき》した(他のチームに移った)プロサッカー選手が書いたものです。これを読み、あとの問題に答えなさい。
（＊印の付いている言葉には、本文のあとに〔注〕があります。）

人間のすべては心で動いている。

心の状態によって、何が見え、何が感じられるかということはまったく違《ちが》ってくる。その事実は、普通《ふつう》に想像されるレベルをはるかに超《こ》えているのではないかと思う。サッカーの試合でも、その日、自分がどんなプレイをできるかということは、心のあり方次第《しだい》でまったく変わってくるのが実感される。

移籍してすぐに僕《ぼく》は、それまでには経験のないほど大きな「壁《かべ》」にぶつかった。

試合で＊ピッチに立つと、それまでの人生ではなかったほど緊張《きんちょう》して、思うようなプレイができなくなっていたのだ。チーム練習のあとに居残って個人練習をやり、家に帰ったあとにもそれまで以上にトレーニングに力を入れた。プレイがうまくいかないのは、スキル（技術）やスピードが不足しているからではないかと考えていたからだけど、それで事態が好転することはなかった。なぜかといえば、その頃《ころ》の僕が自分らしいプレイをできなくなっていたのは、スキル面の問題よりもはるかに「心の問題」が大きかったからだ。それを理解して、修正しようと考えたことによって、試合の中でやれるプレイがまったく違ってきたのは間違いない。

心に余裕《よゆう》をもって試合に臨《のぞ》んだことで、それまでとは比べものにならないほど視界《しかい》が広がった。チームメイトがどう動こうとしているのか。どんなパスを欲《ほっ》しているのか。そういったことが手に取るように見えてきて、＊決定機をつくりだすパスを出すことが、何度もできた。プレイをしている自分自身、それまでとの違いの大きさに誰《だれ》より驚《おどろ》いたほどだった。心のありよう次第でいろんなことが変わってくる。

それはサッカーに限らず、どんなことでもそうなのだと思う――。

「世界一の＊サイドバックになる」

移籍が決まったときに僕はこの目標を掲《かか》げた。何度か口にしている言葉なので、聞いたことがある人は多いと思う。自分の中で、この目標がぶれてしまったことはない。世界一のサイドバックになるためにはどの部分が足りず、どの部分を伸《の》ばしていけばいいかを常に考え、そのための努力を続けている。ただ、これまでは一度も口にしていなかったことだけど……、僕が本当に目指しているのは世界一のサイドバックになることではないのかもしれない。

僕が今、強く感じているのは〝人間として成長しなければ、世界一のサイドバックになれるわけがない〟ということだ。移籍したことで、それがよくわかった。このチームには各国代表のすごい選手たちが集まっている。移籍した直後には、そんな中で自分のプレイができなくなってしまい、どうすればその壁を乗り越《こ》えられるかとずいぶん苦しんだ。ハードな連戦が続いているときにも常に高いレベルのプレイをしている選手たちと自分とでは何が違うかとも考えたけれど、そこで見つけた答えは、人間としての大きさ、心の大きさだった。

いくら一流の選手であっても、いい時もあれば悪い時もある。調子や*コンディションの問題もあるし、気持ちの揺《ゆ》れや運の問題もある。思ってもいなかった*アクシデントが起きてしまうこともある。

常に心の余裕がもてているかどうかで、ひとつひとつの場面におけるプレイの選択肢《せんたくし》や*クオリティは、びっくりするほど違ってくる。それを知ったことをきっかけにして移籍直後にぶつかった大きな壁を乗り越えられた。

*サネッティをはじめとしたチームメイトたちを見ていれば、人間として一流であることがいかにプレイに影響《えいきょう》しているかがよくわかる。

最近、サネッティ本人に対して「どうして、ほとんど全試合にフル出場していながら、ケガもしなければ疲《つか》れも見せず、それほど安定した*パフォーマンスができているのか？」と聞いてみたことがある。するとサネッティは「すべては頭だ」と答えてくれた。サネッティが口にした「頭」とは「心」とイコールの意味として受け取っていいはずだ。

「試合に勝っても負けても、いいプレイができてもできなくても動じることがないように頭（心）を常に安定させておくことが大切なんだ」

そんなサネッティの言葉は、僕の考え方が間違いではないとも裏《うら》付《づ》けている。

25歳《さい》の僕は、サッカー選手としても人間としても、まだまだ未熟《みじゅく》だ。毎日が反省の連続であるなかで、それをどう修正していけばいいかが少しずつ見えかけてきたようなよちよち歩きの段階《だんかい》に過ぎないと自覚している。そんな中で、こうした夢を抱《いだ》いているのは途方《とほう》もないことなのかもしれない。ただ、普通では叶《かな》えられないほど大きな夢を描《えが》き、険しい道を歩んでそこに向かっていくなかでは、さまざまな経験ができていく。その道は、険しければ険しいほど、得られるものが大きくなっていく。

最近の僕は、世界一のサイドバックになる*過程を通して、自分が人間としてどう成長できるかということが楽しみでしょうがない。サッカーが大好きで、世界一のサイドバックになることを目指して毎日努力をしていながらも、「人間として成長していくためにサッカーをやらせてもらっている」と言い換《か》えられる。

ある意味ではサッカーも〝人間づくり〟のための手段《しゅだん》のひとつだともいえなくはない。それくらい、人として大きくなっていくことには価値《かち》がある。僕が本当に目指しているのは世界一のサイドバックになることではないのかもしれないというのはそういうことだ。

（長友佑都《ながともゆうと》「上昇思考《じょうしょうしこう》　幸せを感じるために大切なこと」KADOKAWAによる）

〈注〉ピッチ……サッカーの競技場。グラウンド。
決定機……決定的な機会。チャンス。
サイドバック……ゴール前の守備にあたるポジション。
コンディション……（主にからだの）状態。
アクシデント……思いがけない不幸なできごと。
クオリティ……質・性質。
サネッティ……元アルゼンチン代表選手。
パフォーマンス……能力・実績・成績・成果。
ただし、ここでは「プレイ」という意味。
過程……ものごとが始まってから終わるまでの、とちゅうの道すじ。

【問題1】移籍してすぐに僕《ぼく》は、それまでには経験のないほど大きな「壁《かべ》」にぶつかった。とありますが、筆者が大きな壁にぶつかったのはなぜですか。本文の内容をふまえて、理由を四十五字以上五十五字以内で、改行せずに書きなさい。

〈注意〉・最初のます目から書き始めなさい。
・、や。や「なども一字として数えます。

【問題2】この文章で中心となっている筆者の考え方をふまえて、あなたはどのような場面や過程で自分自身が成長した（成長している）と考えますか。学校での体験を交えて百八十字以上二百字以内で、改行せずに書きなさい。

〈注意〉・最初のます目から書き始めなさい。
・、や。や「なども一字として数えます。

解答用紙番号→8【問題1】【問題2】
「書き方・教え方」→47・48ページ　「作文例」→49ページ

【この作文の書き方・教え方】

さくら先生

【問題1】はできましたか？

けんたくん

どんな壁《かべ》かを答えるのだとかんちがいしそうになったけど、**「理由」**だったよ！　問いは最後までていねいに読むことが大切ですね。

――線の七行後に、「その頃《ころ》の僕《ぼく》が**自分らしいプレイをできなくなっていたのは、**～『**心の問題**』が大きかったからだ」と書いてあるから、「心の問題」が理由なんですね。

そうですね。では、その「心の問題」とは、どんなものだったのでしょう。

その後に、「心に余裕《よゆう》をもって試合に臨《のぞ》んだことで、それまでとは比べものにならないほど視界《しかい》が広がった」と書いてあるから、それまでは**心に余裕がなく、視界がせまくなっていたってことじゃないかな。**

そのとおりです！　よくできました。それでは、【問題2】にいきましょう。問いの中で「学**校での体験」に限定している**ことに注意しましょう。

自分が人として成長したと感じたこと？　ぼくに、そんなすごい経験あったかなー。

小さいことでもいいんですよ。**できなかったことができるようになった経験**、何かあるでしょう？

それならあります！　実はぼく、初めて会う人に自分から話しかけるのが苦手だったんだ。だけど、かべ新聞の取材をしたおかげで、人見知りしなくなったんです。

問いに「**筆者の考え方をふまえて**」ってあるけど、**この話をどうつなげればいいのかなぁ。**

けんたくんが人見知りだったとは意外です！　**長文を読んでから書く作文問題**には、**「筆者の考え方をふまえて」「この文章に書かれていることをふまえて」**というものが多いんですよ。中には、**前の問いで答えたことをもとに書くものもあります。**まず、文章をしっかり読みとることが大事ですね。

じゃあ、この文章で筆者がいちばん言いたいことを、さがせばいいのかな？

そのとおり！　けんたくん、大事なことがわかってるじゃない！

よし！　がんばってさがすぞ！

……常に高いレベルのプレイをしている選手たちは、**人間として一流で、人間としての大きさや心の大きさがちがう**と書いてあったよ。

筆者は、**大きな夢にむかって険しい道を進んでいく**と、さまざまな経験ができて、そのなかで**人間として成長**できると考えているみたいだよ。

しっかり読みとれましたね！

筆者は「ある意味ではサッカーも〝人間づくり〟のための手段《しゅだん》のひとつだともいえなくはない。それくらい、**人として大きくなっていくことには価値《かち》がある**」と言っています。何かを**成しとげるためにがんばることが、人を成長させる**ということを、自分の経験と結びつければいいんです。

できた！　むずかしそうな問題だと思ったけど、よく読んで順番に考えていけば、書けるんですね！

先生、ありがとうございます!!

けんたくんの作文

〈注意〉のとおりに１マス目から
始まっていますね

「学校での体験」が
しっかりと書かれていますね

【問題１】

心によゆうがないために気持ちがゆれて、し界がせまくなり、自分らしいプレイができなくなってしまったから。

問題の指示に
したがうと、
句読点を１マ
ス目に書くこ
ともあります
ので、これで
だいじょうぶ
ですよ

本文から読みとったことを、
理由を答える表現になるように
まとめないといけませんね。
よくできました！

【問題２】

私は、にげずに何かにちょう戦できた時に、自分が成長したと感じる。学校でかべ新聞を作った時に、私は農業についての記事を書く係になった。それまでの私は、初めて会う人と話すのが苦手だった。しかし、農家の人に話を聞かなければ良い記事は書けないので、勇気を出して取材に行った。すると、話がはずんで多くの事を教わることができた。この体験によって、人に話しかけることへの苦手意識がなくなり、人として少し成長できたと思う。

「どのような場面や過程」かが
はっきりと示されていますね

勇気を出してチャレンジしたから、
人として成長できたということですね。
筆者の考えが、きちんとふまえられています。
すばらしいです！

その三 日本人の感性について

9 東京都立白鷗高等学校附属中学校（東京都）

次の文章を読んであとの問題に答えなさい。（*印の付いている言葉には、本文のあとに〔注〕があります。）

日本文化の中心にあって表現として古い時代から最も人々に*尊崇《そんすう》されてきたのは和歌です。この和歌の世界では早い時期から花が愛され、花という言葉も大事なものとして使われてきました。たとえば日本の七、八世紀ころの詩を*集大成した『万葉集』の中にも花はたくさん出てきます。とりわけ大切にされたのは、梅の花でした。梅が中国から輸入されたのは『万葉集』が作られた時期よりちょっと前のことですが、梅の花がひじょうに愛され、尊敬《そんけい》される木としてうたわれているわけです。

梅が大切にされた理由は、一つには香《かお》りが高い、もう一つには春を告げる最初の木ということがあげられるでしょう。当時はどこにでも生えているわけではなくて、移植されて奈良《なら》、大和《やまと》一帯の貴族《きぞく》の*邸宅《ていたく》などに植えられたと思いますが、そういう梅の木をながめながら、冬の季節がまだ終わっていないのに、もうあの木は花が一つ咲《さ》いたよ、二つ咲いたよ、とうたっているのです。春を待ちかねている人々にとって、梅は素晴《すば》らしい花だったのです。古代の日本人は、冬を通り越《こ》してまた春に甦《よみがえ》った自分たちの命を最初に*称《たた》えてくれる花として、梅を見ていたわけです。しかも*比喩的《ひゆてき》に見るのではなくて、花を見ているうちに、本当にこれは人間の命とそっくりだという風《ふう》に思ったのだと思います。

ところが、これが平安時代の特に後半になりますと、梅の位置が少し後ろへ下がっていきます。では、何が前面に出てきたかというと、桜です。その当時はもちろん、われわれがいま見ている「ソメイヨシノ」などはなく、山桜が主体でしたから、*豪勢《ごうせい》に咲いて豪勢に散る、という*風情《ふぜい》とは違《ちが》っていたと思いますが、いずれにしても冬から春にかけての最初の花である梅から*春風駘蕩《しゅんぷうたいとう》とした晩春《ばんしゅん》の時期の桜へと関心が移っていったところが、面白《おもしろ》い点です。

この変化はとても面白い問題を含《ふく》んでいると思いますが、私《わたくし》は、花の咲く時期が影響《えいきょう》したと考えています。梅は寒い時期に咲き、それが素晴らしいのですが、この花を実際に見に行くとなると、かなり*億劫《おっくう》なわけです。ところが、桜の花の時期というのは晩春ですから、体の内側からも暖《あたた》かくなって、人々は外へ出たくなるのです。そして出ていったら、桜の花が咲いていた。素晴らしい。ごく季節的な条件が、背景《はいけい》にあると思うのです。そういうものが、桜を人々にひじょうに親しませたのではないかと思うわけです。

もう一つ大事な問題として、当時の貴族階級の生活習慣が関《かか》わってきます。*宮中では春がやってくるといろいろな行事を行《おこ》ないました。その中に「*花の宴《うたげ》」という行事もありました。これは、中国の風習が朝鮮《ちょうせん》半島経由で入ってきたものですが、中国文化に親しんだ平安朝初期の天皇《てんのう》とか貴族階級は、好んでこの花の宴を行なったのです。初めのころは、いまの太陽暦《たいようれき》で言って二月の半ばから末ぐらいにやったのですが、そのころ咲いているのは梅の花です。ですから、梅が咲く時期に人々が集まって、歌を作ったり、*漢詩を作ったり、舞《ま》いをしたりして春の*到来《とうらい》を*寿《ことほ》いだわけです。

ところがこれが、ある時期からずれてきたようです。三月三日、あるいはその近辺で花の宴をすることが多くなっていきました。三月三日というのは、現在の暦《こよみ》になおすと四月の半ばにあたります。この時期の花の宴になると、もう梅の花は散っているはずですから、明らかにこれは、桜の花の宴になっていたわけです。もっともこれは、京都を中心とする地域《ちいき》の行事なので、たとえば北国の場合では状況《じょうきょう》が大いに違うわけですが……。

いずれにしても、*宮廷《きゅうてい》社会の美学では、梅から桜への入れ替《か》えが行なわれ、桜の花が主役になってゆくのです。和歌の世界でも、花と言えばまず桜を意味するようになり、平安朝最盛時以降《さいせいじいこう》の和歌を*解釈《かいしゃく》するときに、花という言葉が出てきたら、だいたい自動的に桜を意味すると読んでもよい歌がふえてきます。

平安時代の末期に西行《さいぎょう》という大歌人がいます。彼《かれ》は桜の歌を生涯《しょうがい》に二百数十首残していて、桜の歌人としても有名です。この西行の歌に、

春風《はるかぜ》の花を散らすとみる夢は
覚めても胸《むね》のさは《(わ)》ぐなりけり

というのがあります。この歌は西行の桜の歌の中でも傑作《けっさく》の一つだと私は思っていますが、意味は、春風が桜の花を散らしている夢をみた、それが惜《お》しくて、夢から覚めても胸がまだ騒《さわ》いでならない、とするのがふつうでしょうし、それで別に間違いではありませんが、これではとりたてて面白くもないし、なぜこの歌が特別に愛されてきたかの説明もつきません。

私は、西行のこの歌は、花がすごい勢いではらはらと散っている、その散ること自体に胸騒《むなさわ》ぎすると言っているところに着目すべきだと思うのです。つまり、豪勢に散っていくその花が胸が躍《おど》るほど美しい、と見る西行の〝眼《め》〟が大切なのです。花は散るときには散る、その散る姿《すがた》を見て、それがあまりにも美しくて*呆然《ぼうぜん》とする、この歌のポイントはそこにあると思うのです。

これは単に「散る」ことを*賞《め》でるのとは違っています。花が散ることを惜しむ気持ちは、誰《だれ》でも同じですが、しかしそんなことを惜しんでみても、それは、詩にはなりません。散っていく姿そのものが言葉を失うほどに美しい、そこが詩になるのです。花が散っている姿そのものの、あまりの美しさにわれを忘《わす》れて*見惚《みほ》れている、これは、そういう意味で名歌だと思うのです。日本人は花というものを見るとき、咲いている姿だけでなく、それが散る姿においても見ることを好みます。これが一つのものの見方にまで高まったのが平安朝の末期ごろからだと思うのですが、それを*象徴《しょうちょう》する歌としても、この歌はたいへん意味があるでしょう。

（大岡《おおおか》　信《まこと》「みち草」による）

〔注〕
尊崇《そんすう》されて……とうといものとして、うやまわれて。
集大成した……たくさん集めて一つにまとめた。
邸宅《ていたく》……やしき。大きなすまい。
称《たた》えて……ほめて。
比喩的《ひゆてき》に……似たものにたとえるように。
豪勢《ごうせい》に……ぜいたくで、はでに。
風情《ふぜい》……ようす。ありさま。
春風駘蕩《しゅんぷうたいとう》とした晩春《ばんしゅん》……のんびりとした春の終わりごろ。
億劫《おっくう》な……めんどうな。めんどうで気がすすまない。

宮中……皇居《こうきょ》の中。天皇《てんのう》の住まいの中。
花の宴《うたげ》……季節の花を観賞しながら、多くの人が飲食して楽しむ会。
漢詩……中国の詩。また、その形にならって日本で作った詩。
到来《とうらい》……やってくること。
寿《ことほ》いだ……祝った。
宮廷《きゅうてい》社会の美学……天皇《てんのう》や貴族《きぞく》を中心とする社会における美に関するこだわり。
解釈《かいしゃく》する……理解する。
呆然《ぼうぜん》と……あっけにとられてぼんやりと。
賞《め》でる……ほめたたえる。
見惚《みほ》れて……見てうっとりして。
象徴《しょうちょう》する……具体的なものとして表現する。

〔問題1〕
筆者はこの文章で古代の日本の人々にとって「梅の花」と「桜の花」が、素晴《すば》らしい花だったと述べています。「梅の花」はどういう点が素晴らしいと言っていますか。「桜の花」とのちがいがわかるように、百字以内でまとめなさい。なお、記号（、や。や「　」など）も字数に数えなさい。答えは、一ます目から書きなさい。

〔問題2〕
筆者はこの文章の中でとりあげている西行《さいぎょう》の桜の歌が特別に愛されてきたことについて、どのように説明していますか。百字以内でまとめなさい。なお、記号（、や。や「　」など）も字数に数えなさい。答えは、一ます目から書きなさい。

〔問題3〕
この文章の中に「そういうものが、桜を人々にひじょうに親しませたのではないかと思うわけです。」とありますが、現代の私《わたくし》たちは、桜とどのように親しんでいるとあなたは考えますか。この文章全体をふまえ、あなたの思い出や体験を必ず入れて、四百字以上五百字以内で書きなさい。
書き出しや改行などの空らん、記号（、や。や「　」など）も字数に数えなさい。

解答用紙番号→9　〔問題1〕〔問題2〕〔問題3〕
「書き方・教え方」→53・54ページ　「作文例」→55・56ページ

【この作文の書き方・教え方】

さくら先生

〔問題1〕と〔問題2〕は、文章から読みとってまとめる問いです。みさきさん、上手に書けそうですか。

みさきさん

ちょっとむずかしいです。〔問題1〕は、三段落目の、梅が「**春を告げる最初の木**」だから、「**春を待ちかねている人々にとって、梅は素晴《すば》らしい花だった**」ということをまとめればいいのかなと思いました。

答えの中心となる内容が読みとれましたね。もう一度〔問題1〕をよく読みましょう。「**『桜の花』とのちがいがわかるように**」答えなければいけません。梅の花と桜の花のちがいは何だと書かれていますか。

「**冬から春にかけての最初の花**である梅から**春風駘蕩**《しゅんぷうたいとう》とした**晩春**《ばんしゅん》**の時期**の桜」、「**梅は寒い時期に咲**《さ》**き**、〜桜の花の時期というのは**晩春**」と書いてありました。**咲く時期がちがう**ってことですね。「春風駘蕩とした晩春」って、どういう意味ですか？

のんびりとした春の終わりごろ、という意味ですよ。〔注〕もよく読みましょうね。

はい！ あたたかくなってきたころのことですね。答えは、**時期のちがいを説明**したうえで、古代の人々にとって梅の**どういう点がすばらしいのか**を書くようにします。

いい答えが書けそうですね！ 続いて〔問題2〕。西行《さいぎょう》の歌が名歌とされる理由をまとめている部分はありませんか？

最後の段落の、「**散っていく姿**《すがた》**そのものが言葉を失うほどに美しい**、そこが詩になるのです。**花が散っている姿そのものの、あまりの美しさにわれを忘**《わす》**れて見惚**《みほ》**れている**、これは、**そういう意味で名歌だと思うので**す」という部分ですか？

おしい！ もう少し読み進めてみましょう。「日本人は花というものを見るとき、**咲いている姿だけでなく、それが散る姿においても見ることを好みます**。〜それを象徴《しょうちょう》する歌としても、この歌はたいへん意味がある」と続いていますね。

そうか！ 日本人が、**散る姿を美しいと感じる心を持っている**ことも書くんですね。

よくできました。それでは、みさきさんの考えを書く【問題3】にいきましょう。みさきさん自身は、桜とどのように親しんでいますか？

開花したというニュースを見ると、お花見に行きたくなります。また、桜が咲いている時期に雨が降ったり風が強かったりすると、いつまで花を見られるか気になります。あとは、入学式とか、新学期とか、新しい生活の始まりのイメージがあります。

春らしくていいですよね。問いには**「この文章全体をふまえ」**とありますので、もう一度、この文章で述べている、日本人の桜の見方をおさえておきましょう。

【問題2】で答えたことと関連しているのですね。この文章では、西行の「春風《はるかぜ》の花を散らすと～」という歌を取り上げて、「日本人は花というものを見るとき、**咲いている姿だけでなく、それが散る姿においても見ることを好みます**」と述べています。

そうですね。では、散る美しさという見方で、桜との親しみ方を思い出してみましょう。**散っているときの桜がきれいだなと思った経験はありませんか？**

私は満開の桜がいいと思っていたので、ちょっと意外でした。そういえば、入学式のころは、いつも桜が散り始めています。私のときも、そうでした。花ふぶきの中でとった写真がとてもきれいで、今でもかざってあるんです。

散る桜のよさを感じた経験が見つかりましたね。

はい！　いまの私たちが生活の中で感じていることに、日本人の伝統的な感じ方が入っているみたいですね。

これで、作文のまとめも上手に書けそうですね。書く時には、**本文の内容と、自分の考えや体験をまぜない**ように、しっかり書き分けましょう。文章の内容をふまえることに集中していると、ついまぜて書いてしまって、わかりにくい文章になります。**文の終わり方や段落分けを工夫して、意見、出来事、引用をはっきり区別しましょう。**

はい、気をつけます。また、書いている間にぶれてしまうといけないので、**何をどう書くか、しっかり決めてから書き始める**ようにします。

みさきさんの作文

指示どおりに１マス目から始まっていますね

［問題1］

梅の花と桜の花のちがいは、春のいつごろさくかという点です。桜は春の終わりごろにさきますが、梅は春を告げる最初の木の花です。春を待ちかねている古代の日本人にとっては、その点がすばらしかったのです。

はっきりとちがいがわかるように書かれていますね

「どういう点が素晴らしい」かがしっかりと書かれていますね

［問題2］

日本人は花がさいているすがただけでなく、散るすがたを見ることも好みます。西行のこの歌は、桜の花が散っていくすがたそのものが言葉を失うほどに美しいことを表していて、そういう意味で名歌だと説明しています。

この問いでは、指示どおりに書き出しをあけていますね

［問題3］

　現代の私たちは、桜の花を見て新しい生活の始まりを感じ、新年度をいろどる景色として親しんでいると思います。四月の初めの桜は、満開を過ぎて散り始めていることが多いです。しかし、私たちは、「花ふぶき」とい

「どのように親しんでいる」かがしっかりとおさえられていますね

「です・ます」調で書くときは、特に文の途中《とちゅう》に注意しましょう

本文の内容と、みさきさんが実際に挙げた例とをつなぐ、とてもすばらしい表現です！

本文をふまえたよい表現ですね

う言葉で美しい情景を思いうかべるように、散る桜の良さを味わっていると思います。

　たとえば、私が小学校に入学した日も桜が散り始めていました。花びらがまっている中でとった写真は、入学式にふさわしく、とても気に入っています。通学路では、散った花びらをそうじしてくれる地域の人たちに出会います。こまかい花びらを集めるのは大変だと~~思う~~思いますが、苦にする様子もなく、新入生に声をかけながら、にこやかにほうきを動かしています。また、父の会社では、新入社員のかんげい会にお花見をするそうです。散ってきた花びらがお酒に入った時など、とても風流な気分になると話していました。

　このように、現代の私たちが散る桜を美しいと感じるのは、本文の「咲いている姿だけでなく、それが散る姿においても見ることを好みます」という日本人の伝統的な感覚を受けついでいるからだと思いました。これからも、この感覚を大切にしたいと思います。

「思い出や体験」がしっかりと書かれていますね

本文の内容もしっかりとふまえていますね

その四　二つの文章を読みとって書く

10　東京都立武蔵高等学校附属中学校（東京都）

次の〈文章A〉と〈文章B〉を読んで、あとの問題に答えなさい。

なお、〈文章A〉の〔古文〕は江戸時代《えどじだい》に書かれた本居宣長《もとおりのりなが》の「玉勝間《たまかつま》」の一部であり、〔口語訳《こうごやく》〕は〔古文〕の文章を、今の日本人が話したり書いたりする言葉に改めたものです。

（＊印の付いている言葉には、本文のあとに〔注〕があります。）

〈文章A〉

〔古文〕

おほ《（お）》かた古《いにし》へ《（え）》をかむ《（ん）》がふ《（う）》ること、さらにひとり二人《ふたり》の力もて、ことごとくあきらめつくすべくもあらず。またよき人の説ならんからに、多くの中には誤《あやま》りもなどかなからむ《（ん）》、必ずわろきこともまじらではえあらず。そのおのが心には、今はいにしへ《（え）》のこころことごとく明らかなり、これをおきては、あるべくもあらずと、思ひ《（い）》定めたることも、おもひ《（い）》の外に、また人のことなるよきかむ《（ん）》がへ《（え）》もいでくるわざなり。あまたの年を経《ふ》るままに、さきざきの考へ《（え）》のうへ《（え）》を、なほ《（お）》よく考へ《（え）》きは《（わ）》むるからに、つぎつぎには《（わ）》しくなりもてゆくわざなれば、師の説なりとて、かならずなづ《（ず）》み守るべきにもあらず。よきあしきをいは《（わ）》ず、㋐ひたぶるにふるきをまもるは、学問の道にはいふ《（う）》か ひ《（い）》なきわざなり。

（保坂弘司《ほさかこうじ》「玉勝間《たまかつま》・花月草紙《かげつそうし》ほか」による）

〔口語訳《こうごやく》〕

だいたい*古代を考察することは、決して一人や二人の力で、すっかり明らかにしつくすことができるはずもない。またすぐれた学者の説であるからといっても、多くの（説の）中には、どうして誤《あやま》りもないことがあろうか。必ず悪い点も混じらないではすまない。その（説を立てた）人自身の心では、「これでもう*古代の精神はすっかり明らかである。この説をさしおいては、（まともな説が）あるはずもない。」と、決定した説も、案外に、また他人の異《こと》なったよい考えも出てくるものである。多くの人の検討《けんとう》を経《へ》るにつれて、以前の考え以上に、さらに*熟考《じゅっこう》し究明するので、次々と精細になっていくものであるから、先生の説であるといって、必ずしも*執着《しゅうちゃく》して守るべきものでもない。（その説の）良い悪いを論《ろん》ぜず、㋐ただひたすら旧説を固守するのは、学問の道では、無益なことである。

（菅野雅雄《すがのまさお》「近世散文集　評論《ひょうろん》　玉勝間《たまかつま》」による）

〔注〕古代を考察する ― 書物を通して古い時代についてよく調べ深く考えること。

古代の精神 ― 古い書物に表された昔の人のものの見方や考え方。

熟考《じゅっこう》し究明する ― 時間をかけてじっくりと考え、ものごとを深く調べてはっきりさせること。

執着《しゅうちゃく》 ― あることに心が強くひかれて思い切れないこと。

〈文章B〉

いうまでもないことだけれども、古来、人間の世界における「進歩」を形成してきたのは、ひとつの例外もなく、「創造《そうぞう》」する力であった。それまでにあった、いっさいの思いこみを、根本から疑《うたが》いなおしてみること――そのことから、あらゆる発見と発明がうまれた。

*コペルニクス以前の人びとは、星のうごきをみて、空がうごいているのだ、と思いこんでいた。なにしろ、こうして人間が足をつけている大地は、つねに*厳然《げんぜん》と存在《そんざい》しつづけている。世のなかに、これほどたしかなことはない。その固定した大地に立ってみると、太陽も月も星もうごいている。天がうごく、と人びとは考えていたのである。

しかし、コペルニクスは、ひょっとして、うごいているのは、この大地のほうなのではあるまいか、と考えた。大地が固定している、というのはひとつの「思いこみ」であるにすぎない。むこうが固定していても、こっちがうごけば、人間の目には、むこうがうごいているようにみえる。しょせん、天がうごいている、というのは、人間がみずからの位置を、あたまから、うごかないもの、としてきめこんでいるからなのではないか――コペルニクスは、そういうふうに考えて、大地を球体としてとらえた「地動説」をとなえた。

よく知られているように、この「地動説」は、当時の人びとの常識を超《こ》えたもので、誰《だれ》からも理解されることがなかった。かれの立場はまったく*孤立無援《こりつむえん》というべきなのであったのだが、やがて時の経過とともに、コペルニクス説の正しさが証明された。地球と宇宙《うちゅう》についての観念は、コペルニクスによって、全面的にあたらしいかたちをとるようになったのである。いわば、かれの創造性が、人間の知識の体系《たいけい》に、画期的な大進歩をもたらしたのだ。おなじことは、力学の諸法則《しょほうそく》についての*ニュートンにもあてはまるし、また、生物を支配する進化の法則を考えた*ダーウィンにもあてはまる。実に、創造的ないとなみこそが、人間の活動をここまで高めてきた原動力だったのである。

ニュートンだの、*アインシュタインだのというと大科学者であり、天才、ということになってしまって、われわれ常人とは、要するにカンケイない話、と考えられるかもしれぬが、事実はそうではない。生活のなかでも「創造」は、つねにおこなわれている。

たとえば、どこの家の台所やおふろ場にでもころがっている*カメの子だわしをとりあげてみよう。周知のように、このたわしを発明したのは、ある創造的な主婦であった。毎日のかたづけもののしごとをしながら、そのしごとの道具として、この小さなたわしを考え出したのである。もしもその主婦が、それまでの台所仕事を無批判《むひはん》、無反省にうけいれていたとしたら、こんな新製品はできなかったはずである。

どんな小さなことであっても、それまでにあったものごとを、よりよくしてゆく努力――それは創造という名に値《あたい》する。毎日の生活のなかでの、すべての人間の創造が、生活をゆたかにし、また、生活を張りあいのあるものにする。

たぶん、人間にとって、いちばん大事な能力というのは、創造の力なのである。実際、ありきたりの知識だの情報だのというのは、今日の社会では、それほど重要なものではない。情報の性質によっては、その記憶《きおく》や再生は、コンピューターにまかせておくことだってできる。人間の頭脳《ずのう》は、創造、という、もっとも高度で人間的なはたらきのために使うべきなのである。

（加藤秀俊《かとうひでとし》「独学《どくがく》のすすめ」による）

〔注〕コペルニクス―天文学者。
厳然《げんぜん》―おごそかで重々しいようす。
孤立無援《こりつむえん》―ひとりぼっちで、仲間や助けがないこと。
ニュートン―物理学者・数学者。
ダーウィン―生物学者。
アインシュタイン―物理学者。
カメの子だわし―食器やなべなどをこすって洗《あら》うのに使う道具。

〔問題一〕
〈文章A〉の〔古文〕の㋐ひたぶるにふるきをまもるは、学問の道にはいふ《（う）》かひ《（い）》なきわざなり。は、〔口語訳《こうごやく》〕の(あ)ただひたすら旧説を固守するのは、学問の道では、無益なことである。という意味ですが、筆者の本居宣長がこのように述べたのはなぜですか。〔口語訳《こうごやく》〕を参考にして六十字以上七十字以内でまとめなさい。（、や。や「なども字数に数えます。）

〔問題二〕
〈文章B〉の要旨《ようし》を、本文中の言葉を使って七十字以上八十字以内でまとめなさい。（、や。や「なども字数に数えます。）

〔問題三〕
〈文章A〉と〈文章B〉に共通する考え方を三十五字以上四十五字以内でまとめなさい。（、や。や「なども字数に数えます。）

〔問題四〕
〈文章A〉や〈文章B〉の内容をふまえて、「世の中の進歩に必要なこと」という題であなたの考えを書きなさい。ただし、題名・氏名は書かないこととし、三百六十字以上四百字以内で、三つの段落《だんらく》を用いて書きなさい。（、や。や「などの記号、段落をかえるときの残りのます目なども字数として数えます。）

解答用紙番号→10〔問題一〕〔問題二〕〔問題三〕〔問題四〕
「書き方・教え方」→60・61ページ　「作文例」→62・63ページ

【この作文の書き方・教え方】

さくら先生

いよいよ最後の問題になりました。〔問題三〕までは、二つの文章の読解です。かいとくん、できましたか？

かいとくん

〔問題一〕は、――線㋐の直前の、「**多くの人の検討《けんとう》を経《へ》るにつれて**、〜次々と**精細になっていく**ものであるから、先生の説であるといって、必ずしも執着《しゅうちゃく》して守るべきものでもない」という部分が、理由にあたるのかな…。

適切な部分を見つけましたね。筆者は、**だからどうするべきだと考えているのでしょうか**。

「良い悪いを論《ろん》ぜず、〜無益なことである」とあるので、すぐれた人の説でも、**良いか悪いかをよく考えてみるべきだ**ということだと思います。

答えは、そこまで入れてまとめましょうね。では〔問題二〕。**筆者の主張をまとめて述べている段落はありませんか**。

最後の段落だと思います。「**人間にとって、いちばん大事な能力というのは、創造《そうぞう》の力**なのである」「**人間の頭脳《ずのう》は、創造、〜のために使うべきなのである**」ということが、いちばん言いたいことだと思いますが…。

よくできました。**最後の段落に筆者の意見がまとまっていることが多いですね**。要旨《ようし》は、**主張がまとまっている段落を見つけると書きやすいですよ**。さらに、もう一歩ふみこんでみましょう。その「**創造の力**」があると、どんないいことがあると書かれていますか。

コペルニクスやニュートンやダーウィンは、創造の力によって、**それまでのものの見方を変えるような、人類に進歩をもたらす発見をした**と書かれています。また、大科学者だけでなく、「カメの子だわし」を発明した主婦の例も取り上げて、「毎日の生活のなかでの、すべての人間の創造が、**生活をゆたかにし、また、生活を張りあいのあるものにする**」と述べていました。

そうですね。それらをふくめてまとめると、なぜ創造の力が大事なのかが伝わって、よりよいまとめになりますよ。

書く時は、**まず中心となる内容を決めて、それをおぎなっていく**といいんですね。

コツがつかめてきたようですね。〔問題三〕にいきましょう。まず、それぞれの文章のポイントをおさえておきましょうか。

〈文章A〉では、**〔問題一〕**で読みとったように、**それまでの考え方が絶対に正しいのだと思いこまずに、よく論じること**が大切だと述べていました。〈文章B〉では、**〔問題二〕**でまとめたように、**「創造」**する力の大切さを述べていました。

〈文章B〉では、「創造」とはどんなことだと言っているでしょうか。

「それまでにあった、いっさいの思いこみを、根本から疑《うたが》いなおしてみること」とか、**「それまでにあったものごとを、よりよくしてゆく努力」**とか、かな…。

よくできました。これで共通点が見つかりますね？

それまでの思いこみにとらわれないことと、よりよくするための努力をすること、ですね！

正解！　最後の〔問題四〕も書けそうですか？

「〈文章A〉や〈文章B〉の内容をふまえて」書くのがむずかしいです…。

これまでに答えたことがヒントになっているんですよ。前の問いの内容を受けて自分の考えを書かせる作文も、入試によく出るんです。〔問題三〕で**〈文章A〉と〈文章B〉の共通点**を見つけましたね。それをもとに考えれば、二つの文章をふまえたことになります。

そうか！　自分の経験も入れたほうがいいですか？

条件にはありませんが、**ある出来事をきっかけに自分の思いこみだったと気づいた、当たり前でないと気づいた**、そんな経験を取り上げるといいですよ。それに**よって知ることができた、こうすればよりよくなるん**だ、と感じたことが、進歩につながりますからね。

考えがまとまってきました。みんなで話し合いをすることが必要だという内容で書くことにします。

かいとくんの作文

〔問題一〕

学問研究は多くの人の検とうを経て精細になるのだから、すぐれた学者や先生の説であっても、良い悪いをよくろんじなくてはならないと考えたから。

しっかりと理由を答える表現になっていますね

〔問題二〕

人間にとっていちばん大事な能力は、そう造の力である。人間の世界に進歩をもたらし、生活を豊かにし、張りあいのあるものにすることの力のために、頭のうを使うべきだ。

大事な語句を落とさずによくまとめていますね

〔問題三〕

それまでの考えや思いこみにとらわれず、ものごとをよりよくしていく努力が大切である。

しっかりと三つの段落になっていますね

〔問題四〕

　私は、世の中の進歩には、今の状態が当たり前だと思わず、もっとよくするために根気よく話し合いをすることが必要だと思う。この考えは、〈文章A〉や〈文章B〉で述べている、それまでの考えや思いこみにとらわれず、ものごとをよりよくしていく努力が大切だという内容にも通じる点があると思う。

　私の学校の花だんは、毎年同じ植え方がされていて、私もそれが当たり前だと思っていた。しかし、児童会で花だんをもっと美しくしようという提案があり、花で文字をえがくことになった。時期や色、デザインなどを調整するのは難しかったが、話し合いの結果、とても美しく、評判の良い花だんができた。

　社会全体についても同じことが言える。解決が難しい問題でも、前例や規則にとらわれず、あきらめないで知恵を出し合うことが大切だと思う。みなで話し合いをし、いろいろな角度から考えを出していけば、新しい発想が生まれ、世の中の進歩につながるはずだ。

文章の内容と自分の体験から、
一つの結論にみちびくことが
できていますね！
力強い言い方に、かいとくんの
成長を感じますよ

〈文章A〉や〈文章B〉の内容を、
しっかりとふまえていますね

「必要なこと」がはっきりと
書かれていますね
最初の文で結論を述べている点も、
読みやすくてすばらしいです！

レッスンを終えて

けんたくん、かいとくん、みさきさんといっしょに勉強するのは、ひとまずこれでおしまいです。

作文の基本から始めて、難易度の高い問題にも取り組んできましたが、いかがでしたか?


受験における作文の基本と考え方はお伝えしましたが、もちろん、これだけでどんな作文問題でもだいじょうぶ、というわけにはいきません。

「休み時間」でさくら先生が言っていたように、作文は、「たくさん練習するほど、内容のレパートリーや使いこなせる表現が増えていきます」。


受験生にとって大事なことは、**とにかく作文をたくさん書くこと**です。

そのために、65〜71ページに**〈実力だめし!入試作文〉**を用意しました。

ここには近年の中学入試で出題された問題と、その解説・作文例を収録しています。

また、実際の検査時間をもとにした「目標時間」ものせていますので、**時間を計ることで、より実際の入試に近い環境《かんきょう》で取り組むことができます。**

上手《じょうず》に活用してください。

子どもたちとさくら先生からのメッセージ

けんたくん

ぼくでもなんとか作文が書けるようになったんだから、みんなもだいじょうぶだよ!!

かいとくん

作文をたくさん書いたら、国語の点数も自然と上がってきました! この本の作文をぜんぶ書いたら、きっとみなさんも同じことを実感できると思いますよ!

みさきさん

「休み時間」にさくら先生からアドバイスされたことを続けたら、作文がすらすら書けるようになりました! みなさんも試してみてください!!

さくら先生

書けば書くほど力はつきますよ。作文の力は大人になってからもずっと役に立ちますので、がんばってくださいね!

実力だめし！ 入試作文

近年出題された入試作文問題です。時間を計って演習してみましょう。

11 福島県立中学校（福島県）

⏱目標時間：10分

現代の社会では、多くの人々がインターネットを利用して生活しています。下のグラフは、小・中学生のインターネット利用状況に関するアンケート調査の結果の一部です。これらは、それぞれの項目《こうもく》について、「利用している」と答えた人の割合を示しています。グラフを見て、後の**条件**にしたがって、あなたの考えを書きなさい。

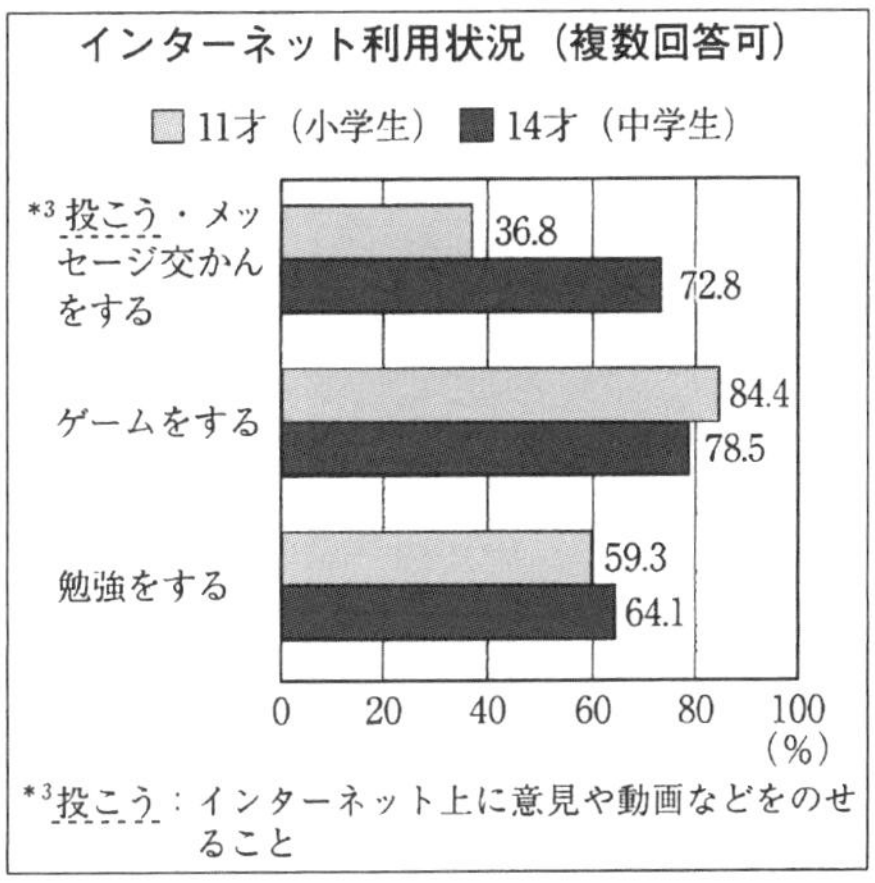

（内閣府「令和3年度青少年のインターネット利用環境実態調査」により作成）

条件

① **百六十字以上、二百字以内**で書くこと。ただし、句読点も一字として数えること。

② **二段落《だんらく》構成**とし、**前段**は、グラフを見て気付いたことを書くこと。**後段**は、気付いたことをふまえ、これからあなたがインターネットをどのように使っていきたいかを書くこと。

③ 原稿《げんこう》用紙の使い方にしたがって、文字やかなづかいを正しく書き、漢字を適切に使うこと。

④ 題名や氏名は書かないで、本文から書き始めること。

解答用紙番号→11

「解説」→このページ下段　「作文例」→このページ下段

解説

項目《こうもく》ごとの数字、小学生と中学生の差などに着目しましょう。あなた自身がインターネットを利用する時に感じたり心がけたりしていることはありますか。便利で楽しい面だけでなく、注意が必要な面もありますね。**投稿《とうこう》やメッセージ交換《こうかん》をする時、ゲームをする時、勉強に利用する時に気を付けること**は何でしょうか。それらをふまえて、今後どのように使っていきたいかをまとめると良いですね。

作文例

グラフを見て、勉強をするためにインターネットを利用している小・中学生が六割ほどいることに気付いた。勉強中にわからないことがあった時、インターネットですぐに調べられるのは便利だ。しかし、単に答えを見つけるだけで勉強を終わらせていたら、考える力が身に付かないと思う。インターネットを使って勉強をする時は、答えにいたる考え方を理解したり、自分で考えを深めたりするように心がけたい。

12 愛媛県立中等教育学校（愛媛県）

目標時間：50分

次の**1**、**2**の作文問題のうち、いずれか一つを選び、あとの**注意**にしたがって作文を書いてください。

1 「あいさつをすることの大切さ」について、具体的な体験をまじえながら、そのことを通して、考えたことを書いてください。

2 「自分の住んでいる地域の好きなところ」について、具体的な体験をまじえながら、そのことを通して、考えたことを書いてください。

〈注意〉

① 選んだ作文問題の番号を、所定のらんに書くこと。
② 作文の題は、つけないこと。
③ 段落は、内容に応じて設けること。
④ 文章の長さは、四百字から六百字までとする。

解答用紙番号→12

「解説」→このページ下段　「作文例」→67ページ

解説

あいさつが大切なのはなぜだと思いますか。地元の好きなところとその理由を説明できますか。より明確に答えられたほうが、あなたにとって書きやすいテーマです。**言いたいこと、つまり、作文の最後でまとめにしたい内容を決めてから、書き始めましょう。**その結論に対して、自分のどのような体験が関連するかを思い出してください。**言いたいことが定まらないまま体験を説明していくと、話が散らかってしまい、全体のまとまりが悪くなります。**全体の骨格となる結論を設定したら、その肉付けとして自分の体験を取り上げましょう。作文に書く「体験」というと気負ってしまうかもしれませんが、どんなに小さな出来事でも良いのです。**自分の考えをかたちづくったきっかけ**のようなものがあるはずです。

入試で出題される作文の中には、提示された複数のテーマやアイデアの中から自分で選んで書くものもあります。その場合、**なぜそれを選んだのか**を書くことを求められたり、自分が選んだほうの良さを、選ばなかったものと比較《ひかく》して説明するという条件があたえられたりすることもあります。**自分として語るべきことを思いえがいたうえで、より良く書けそうなほうを選ぶ力**が求められています。

作文例　選んだ作文問題の番号…1

私のクラスにAさんが転入してきた。Aさんはとてもきんちょうしている様子で、あいさつの声が小さく、うつむき加減だった。話しかけにくかったが、次の日の朝、私から「おはよう」と声をかけてみた。すると、笑顔で「おはよう」と返してくれた。そのあいさつをきっかけに会話が始まり、仲良くなることができた。Aさんは、転入してきた日に声をかけてくれる人が少なくてとても不安だったと言っていた。私はそれを聞いて、自分からあいさつをして良かったと思った。この体験によって、改めてあいさつについて考え、その大切さを実感した。

あいさつの大切さは、家や学校でよく教わってきた。だから、当たり前のこととしてあいさつをし、学校のあいさつ運動などにも積極的に取り組んできた。しかし、なぜあいさつが大切なのか、自分自身の体験を通して知ったことで、それまで親や先生から言われていたことを本当の意味で理解できたように思う。そして、より心をこめてあいさつができるようになったと思う。

この体験から、あいさつは、人と人をつなぐもので、人間関係の入り口になるから大切なのだと考えた。さらに、あいさつをしないと相手を不安にさせてしまうから、自分からあいさつをすることが大事なのだと考えた。コミュニケーションの基本として、これからも積極的にあいさつをしていきたい。

作文例　選んだ作文問題の番号…2

私は、地域のお祭りを住民が協力して盛り上げるところが好きです。理由は、お祭りそのものが楽しいからだけではありません。お祭りの準備や片付けなどをみんなで行うことによって、地域の伝統文化を知ることができたり、住民同士の交流が深まったりするから好きなのです。

私は、お祭りの子どもばやしに参加しています。その練習の時に、地域の大人たちから、神社の由来やお祭りの歴史などを教わりました。子どもばやしのメンバーには、他の学校に通っている子もいます。学校以外の友だちができ、少し世界が広がったように思えてうれしかったです。また、お祭りの後のそうじの時に、近くに住んでいるのに話す機会がなかったおばあさんと、ペットの話などをして仲良くなりました。

お祭りに関わる体験から、地域のつながりの大切さについて考えました。地域のお祭りは、世代をこえて受けつがれてきたもので、お年寄りから子どもまで、みんなの思いと力が集まってできたけっしょうです。お祭りそのものを続けることも大事ですが、お祭りを通して自分の町に愛着がわいたり、住民が仲良くなって助け合いの精神が根付いたりすることも大事だと考えました。そして、地域のつながりが強いと、事故や事件などが起きにくくなり、災害時の対応などもスムーズに行えるようになるだろうと考えました。

ア・イ・ウを読《よ》んで、問《と》いに答《こた》えましょう。

ア　私《わたし》は今年《ことし》、推《すい》せんされて6年《ねん》2組《くみ》のボランティア委員《いいん》になりました。最初《さいしょ》はいやいや活動《かつどう》に参加《さんか》していました。しかし、人《ひと》からありがとうと言《い》われたり、自分《じぶん》も誰《だれ》かの助《たす》けになれるんだと感《かん》じたりすることがあり、今《いま》はとても楽《たの》しく活動《かつどう》しています。委員《いいん》じゃなくてもボランティアはできますが、私《わたし》が変《か》わったきっかけは委員《いいん》になったことなので、みんなにもぜひ挑戦《ちょうせん》してみてほしいです。

イ　私《わたし》は専門学校《せんもんがっこう》を卒業後《そつぎょうご》、高齢者《こうれいしゃ》のための施設《しせつ》で働《はたら》いて3年《ねん》になります。先日《せんじつ》、施設《しせつ》の庭《にわ》の花《はな》が枯《か》れてしまったとき、そばにいた入居者《にゅうきょしゃ》の方《かた》に何気《なにげ》なく相談《そうだん》したのです。するとその方《かた》は、生《い》き生《い》きとアドバイスをしてくださいました。その方《かた》はもともと農業関係《のうぎょうかんけい》の仕事《しごと》をしていたそうです。それまで、部屋《へや》にこもりきりで、気力《きりょく》を失《うしな》っているように見《み》えたお年寄《としよ》りでした。その後《ご》、庭《にわ》の花《はな》の管理係《かんりかかり》をお願《ねが》いしたところ、毎日見回《まいにちみまわ》りをして、水《みず》やりや肥料《ひりょう》について私《わたし》たちに教《おし》えてくださるようになりました。

ウ　ぼくには3歳年下《さいとしした》の弟《おとうと》がいるんだ。弟《おとうと》は今《いま》2歳《さい》。おかあさんから弟《おとうと》にやさしくするように言《い》われているんだ。でも、ぼくが絵《え》をかいていると、いつも近《ちか》づいてきて紙《かみ》をめちゃくちゃにしちゃうんだ。ぼくが弟《おとうと》をおこったら、お兄《にい》ちゃんなんだから許《ゆる》してあげなさいといつもぼくの方《ほう》がおかあさんにしかられるんだ。弟《おとうと》が生《う》まれてからは、本当《ほんとう》にいいことがない。弟《おとうと》のお世話《せわ》なんて、ぼくはいやだ。ぜったいにやらないぞ。

問《と》い

ア・イ・ウの文章《ぶんしょう》の内容《ないよう》に共通《きょうつう》する考《かんが》え方《かた》を探究《たんきゅう》し、あなたがわかったことを、次《つぎ》の〈採点《さいてん》の基準《きじゅん》〉を踏《ふ》まえて、２００字《じ》以上《いじょう》３００字《じ》以内《いない》で説明《せつめい》しましょう。

＜採点《さいてん》の基準《きじゅん》＞※項目《こうもく》ごとに次《つぎ》の表《ひょう》に示《しめ》された得点《とくてん》が与《あた》えられます。

<table>
<tr><td rowspan="2">字《じ》　数《すう》</td><td colspan="6">10点《てん》</td><td colspan="6">0点《てん》</td></tr>
<tr><td colspan="6">条件《じょうけん》どおりである。</td><td colspan="6">条件《じょうけん》どおりでない。</td></tr>
<tr><td rowspan="2">共通点《きょうつうてん》の指《し》摘《てき》</td><td colspan="4">20点《てん》</td><td colspan="4">10点《てん》</td><td colspan="4">0点《てん》</td></tr>
<tr><td colspan="4">三《みっ》つに当《あ》てはまる共通点《きょうつうてん》を指摘《してき》できている。</td><td colspan="4">二《ふた》つに当《あ》てはまる共通点《きょうつうてん》を指摘《してき》できている。</td><td colspan="4">共通点《きょうつうてん》を指摘《してき》できていない。</td></tr>
<tr><td rowspan="2">共通点《きょうつうてん》と三《みっ》つの文《ぶん》章《しょう》の内容《ないよう》との関連《かんれん》</td><td colspan="3">20点《てん》</td><td colspan="3">10点《てん》</td><td colspan="3">5点《てん》</td><td colspan="3">0点《てん》</td></tr>
<tr><td colspan="3">共通点《きょうつうてん》と三《みっ》つの文章《ぶんしょう》の内容《ないよう》との関連《かんれん》について、深《ふか》い思考《しこう》が見《み》られる。</td><td colspan="3">共通点《きょうつうてん》と三《みっ》つの文章《ぶんしょう》の内容《ないよう》との関連《かんれん》について、説明《せつめい》が成立《せいりつ》している。</td><td colspan="3">共通点《きょうつうてん》と二《ふた》つの文章《ぶんしょう》の内容《ないよう》との関連《かんれん》について、説明《せつめい》が成立《せいりつ》している。</td><td colspan="3">共通点《きょうつうてん》と文章《ぶんしょう》の内容《ないよう》との関連《かんれん》について、説明《せつめい》が成立《せいりつ》していない。</td></tr>
</table>

なお、その考《かんが》え方《かた》に対《たい》するあなたの感想《かんそう》や意見《いけん》を書《か》く必要《ひつよう》はありません。感想《かんそう》や意見《いけん》を書《か》いてしまった部分《ぶぶん》は、字数《じすう》に数《かぞ》えません。

×感想《かんそう》や意見《いけん》の例《れい》
・私《わたし》は○○することが大事《だいじ》だと思《おも》います。
・アの人《ひと》はこうするべきです。

また、書《か》き出《だ》しは、次《つぎ》の例《れい》を参考《さんこう》にしましょう。（この例《れい》と全《まった》く同《おな》じ書《か》き出《だ》しでなくてもかまいません。）

共通《きょうつう》する考《かんが》え方《かた》は、○○○ということです。アでは…

解答用紙番号→13
「解説」→71ページ
「作文例」→71ページ

※下《した》の原稿用紙《げんこうようし》は下書《したが》き用《よう》なので、使《つか》っても使《つか》わなくてもかまいません。解答《かいとう》は、解答用紙《かいとうようし》に書《か》きましょう。

※◆の印《しるし》から、横書《よこが》きで書《か》きましょう。途中《とちゅう》で行《ぎょう》を変《か》えないで、続《つづ》けて書《か》きましょう。

※「。」や「、」も1字《じ》として数《かぞ》えるので、行《ぎょう》の最後《さいご》で右《みぎ》にますがないときは、ますの外《そと》に書《か》いたり、ますの中《なか》に文字《もじ》と一緒《いっしょ》に書《か》いたりせず、次《つぎ》の行《ぎょう》の初《はじ》めのますに書《か》きましょう。

(下書《したが》き用《よう》)

◆

解説

この作文は、**「横書きで書きましょう」**と指定されています。縦書きの原稿《げんこう》用紙が多いですが、注意書きをよく読んでから書き始めましょう。

アの「私」は、**「ボランティア委員」になった**ことで、「最初はいやいや活動に参加していました」という意識が変わり、「今はとても楽しく活動しています」と述べています。イの「入居者の方」は、**「庭の花の管理係」になった**ことで、「それまで、部屋にこもりきり」だったのに、毎日見回りをするようになったと書かれています。これらの内容から、アとイの共通点として、**何かの役割をもつ**ことで意識が良い方向に変化したということが読み取れます。ウはどうでしょうか。「ぼく」は、「弟が生まれてから」、つまり**「お兄ちゃん」という立場になった**ことで、「本当にいいことがない」と思っています。アとイのような、前向きな変化は読み取れませんが、「お兄ちゃん」になってからの思いが語られています。変化の方向性は異なりますが、ア・イ・ウに共通するのは、**人は役割によって影響《えいきょう》を受ける、役割をもつことで考え方や気持ちに変化が起こる**ということです。作文問題では、「あなたの意見を書きなさい」と求められることが多いですが、この問いには、「あなたの感想や意見を書く必要はありません」という条件があります。**今ある情報の中から客観的に課題をとらえる**力を問われています。

作文例

共通する考え方は、人は役割によってえいきょうを受けるということです。アの人は、委員という役割になることによって、ボランティアの良さを知ることができました。イは、お年寄りが花の管理係という役割によって元気を取りもどした話です。ウは、お兄ちゃんという役割がいやだと言っています。アとイの例は、役割によってプラスのえいきょうを受けていますが、ウの例はこの段階ではマイナスのえいきょうを受けています。ここでは役割をいやがっていますが、このあとの成長につながるかもしれません。どちらにしても、人は何かの役割をもつことで、考え方や気持ちに変化が起こるということがわかります。

親子で取りくむシリーズ

中学入試 親子で取りくむ **作文レッスン** 2025～26年春受験用

２０２４年４月発行

発 行 所　株式会社 教英出版
〒４２２－８０５４ 静岡県静岡市駿河区南安倍３丁目12－28
電話（０５４）２８８－２１３１

印刷・製本　株式会社 三 創

中学入試 作文 レッスン

別冊

〈添削《てんさく》チェックシート〉
〈解答用紙〉

外して使える

① 本書からとり外してください

② 針を慎重にとり外してください
(とり外しの際、お怪我には十分ご注意ください)

③ 〈添削チェックシート〉と〈解答用紙〉に分けて、
1枚ずつご使用ください

教英出版

《添削《てんさく》チェックシート》

このシートは、保護者の方がお子さんの書いた作文を添削するときに役立つように、どのような点をチェックすればよいかをまとめたものです。

作文は、書きっぱなしでは力がつきません。書いた本人は誤りや修正すべき点に気がつかないものです。保護者の方のていねいな添削とアドバイスによって、お子さんの作文力のさらなる向上を期待することができるでしょう。

お子さんが書いた作文を見ながら、各「チェック項目」をクリアしているかどうか確認し、クリアできていれば「チェックらん」に○を入れてください。添削後には、お子さんにていねいにアドバイスをしてください。よいところはたくさんほめて、伸ばしてあげましょう。

※使用上の注意

○ このシートはコピーしてお使いください。ただし、「チェック項目」は、必ずしもすべての作文問題にあてはまるものではありません。問題の内容に応じて、「チェック項目」を選んでお使いください。

○ 作文の採点基準を公表している学校はあまり多くありません。この表の「チェック項目」の内容、および分類は、教英出版が独自に作成したものです。

2

岡山県立岡山操山中学校（岡山県）15ページ

200字

100字

3

履正社学園豊中中学校（大阪府）18ページ

100 200 260 300

600

400

5

岩手県立一関第一高等学校附属中学校（岩手県）25・26ページ

【注意】

一　原こう用紙には、題名、名前は書かずに一行目から書き始めなさい。

二　原こう用紙の正しい使い方にしたがって書きなさい。

5
100字

10
200字

600

400

7 東京都立三鷹中等教育学校（東京都）39～41ページ

【問題1】

40

25

【問題2】

180

200

100

25

※［問題３］の解答用紙は裏側にあります。

9

〔問題3〕

400　360　300　200　100

（200字）（160字）

600字　500字　400字　300字

◆の印《しるし》から、横書《よこが》きで書《か》きましょう。途中《とちゅう》で行《ぎょう》を変《か》えないで、続《つづ》けて書《か》きましょう。
「。」や「、」も1字《じ》として数《かぞ》えるので、行《ぎょう》の最後《さいご》で右《みぎ》にますがないときは、ますの外《そと》に書《か》いたり、ますのに文字《もじ》と一緒《いっしょ》に書《か》いたりせず、次《つぎ》の行《ぎょう》の初《はじ》めのますに書《か》きましょう。

問《と》い

12

愛媛県立中等教育学校（愛媛県）66ページ

選んだ作文問題の番号
番

200字

100字

10 東京都立武蔵高等学校附属中学校（東京都）57～59ページ

〔問題一〕

70

〔問題二〕

80

〔問題三〕

45

〔問題四〕

500

400

9 東京都立白鷗高等学校附属中学校（東京都）50〜52ページ

〔問題1〕

〔問題2〕

8　東京都立三鷹中等教育学校（東京都）44～46ページ

【問題1】

55

45

50　25

【問題2】

180

200　100　25

6

栃木県立宇都宮東高等学校附属・佐野高等学校附属・矢板東高等学校附属中学校（栃木県）

30・31ページ

200

25 500字　　20 400字　　15 300字

4

群馬県立中央中等教育学校（群馬県）21ページ

《解答用紙》

※一行あたりの字数や、字数の表記などは、実際の入試問題の解答らんに近い形式にしました。

※学校名のあとのページ数は、本書の、その問題がのっているページを表しています。

1 駿台甲府中学校（山梨県）12ページ

問題番号（　　　　　　　）　日付（　　　月　　　日）

分類	チェック項目	チェックらん
条件	字数の指定を守っているか	
	指定された内容が書かれているか	
	原稿《げんこう》用紙の正しい使い方にしたがっているか（本書8ページ参照）	
	内容に応じた段落分けができているか	
作文全体の内容	途中《とちゅう》で内容がずれていないか	
	同じ内容を何度もくり返していないか	
	事実と意見が区別されているか	
	現在と過去、会話文の区別など、場面の展開に混乱がないか	
	文章や資料の主旨《しゅし》が読み取れているか	
	意見の根拠《こんきょ》が示されているか	
	接続詞の前後がうまくつながっているか	
	まとめや結論があるか	
文や表現の関係	「何は」と「何だ・どうする・どんなだ」が対応しているか （本書5ページ参照）	
	「です・ます」調か「だ・である」調に統一されているか （本書6ページ参照）	
	一文が長すぎないか(本書6ページ参照)	
	指示語の指す内容が明確になっているか	
	同じ言葉・表現を何度も使いすぎていないか	
言葉	一定の表現をともなう言葉を使ったとき、 呼応《こおう》する言葉が使われているか（本書7ページ参照）	
	尊敬語と謙譲《けんじょう》語を正しく使い分けているか	
	読点(、)の使い方が適切か	
	言葉が正しい意味で使われているか	
	話し言葉が使われていないか（本書7ページ参照）	
	らぬき言葉が使われていないか	
	習った漢字を使っているか	
	誤字や脱字《だつじ》はないか	
	文字の書き方が雑になっていないか	